METODO MODERNO D

Hi

METODO MODERNO DE REIKI PARA LA CURACION

Claves del método tradicional
y del método occidental de Reiki

Hiroshi Doi

"Método moderno de Reiki para la curación" por Hiroshi Doi.
Título original en idioma japonés: "Iyashi no Gendai Reikiho"
por Genshu Shuppan Sha.
Copyright © 1998 por Hiroshi Doi
Derechos de traducción al idioma español pactados con Genshu Shuppan Sha a través de Japan UNI Agency, Inc.
Copyright © 2006 por Uriel Ediciones de Reiki S.R.L.
Aguilar 2612 — Buenos Aires — Argentina
E-mail: info@uriel.com.ar
Website: www.uriel.com.ar
1ª Edición – 2ª Reimpresión
Diseño de tapa: Daniel Forte
Traducción al español: Fumiko Hida
Queda hecho depósito que marca la Ley 11.723.
Impreso en la Argentina — *Printed in Argentina*
2000 ejemplares impresos
ISBN 987-98272-8-7

615.882   Doi, Hiroshi
DOI   Método moderno de Reiki para la curación : claves del método tradicional y del método occidental de Reiki. -

    1ª ed. 2ª. reimp.- Buenos Aires : Uriel Ediciones de Reiki, 2002.
    168 p. ; 22x15 cm.

    Traducción de: Hida Fumiko

    ISBN 987-98272-8-7

    I. Título. - 1. Reiki

Todos los derechos reservados. Ninguna parte de esta publicación, incluido el diseño de la portada y sus ilustraciones, puede ser reproducida, almacenada o transmitida en manera alguna, ni por ningún medio, ya sea eléctrico, mecánico, óptico, químico, electrónico, de grabación o fotocopia, sin el permiso previo del editor.

Los contenidos presentes en este libro fueron investigados cuidadosamente y son divulgados según el leal y honesto entender; los autores y la editorial no se hacen responsables por los daños de cualquier tipo que puedan surgir directamente de la aplicación o utilización de los datos contenidos en este libro. Las informaciones presentes están pensadas para el perfeccionamiento formativo de los interesados.

Índice

Transmisión de la verdad de Reiki desde Japón, su origen
Palabras para la edición en español 11
Introducción
*Reiki es una técnica de curación e iluminación basada
en la luz y el "Ki"* 15

PRIMERA PARTE
ESTE ES EL METODO REIKI

Resumen de los conocimientos relativos a Reiki 20
1. ¿Qué es Reiki? y ¿qué es el método Reiki? 20
La imposición de manos es una terapia natural
    que existe desde la antigüedad 20
¿Qué es el método Reiki? 21
Reiki es la energía cósmica 21
El método Reiki es la utilización de la energía cósmica 22
La energía cósmica es el nivel del amor de la energía universal . . . 22
¿Qué es el nivel del amor? 23
La energía cósmica esta omnipresente en forma de onda 24
Características del método Reiki. Once puntos clave 25

2. Estructura general del método Reiki 27
Las cuatro etapas que conforman el método Reiki 27
‹Nivel 1› Aprender Reiki 27
‹Nivel 2› Potenciar Reiki y ampliar su uso 28
‹Nivel 3› Elevar el nivel de la consciencia y vivir una vida creativa . . 30
‹Nivel 4› Curso de capacitación de maestros 30
Lo que se aprende en cada nivel 31
Abrir el canal mediante la "Sintonización" 32

3. Desde el origen de Reiki hasta el presente 33
Mikao Usui, creador de Reiki 33
Búsqueda de la misión de vida y la iluminación
    en el monte Kurama 37

Transmisión de la tradición en Japón 39
Difusión mundial e internacionalización 40
Reintroducción del método Reiki en Japón 41
Mis experiencias de aprendizaje de Reiki 42
Combinación del Reiki occidental con la terapia tradicional
    de Reiki 43
Perspectiva actual y futura de Reiki 45

4. ‹Nivel 1› Bases de la curación Reiki 46
Conocimiento previo de la curación Reiki 46
Bases del uso de las manos 49
Cómo realizar una sesión individual. Práctica terapéutica 50
Método de purificación del aura 52
Doce posiciones básicas de curación 53
Autotratamiento Reiki 59
Tratamiento Reiki para los demás 60
Tratamiento Reiki para animales y plantas 60
Método de purificación e inyección de energía 61
Maratón Reiki: Curación múltiple y continua 62
Círculo Reiki: circulación de la energía Reiki 63
Otras aplicaciones de Reiki 64
Aplicaciones de Reiki ‹Nivel 1› 64

5. ‹Nivel 2› Curación que trasciende el tiempo y el espacio 65
Uso de los símbolos y los "Kotodama" 65
¿Qué son los símbolos? ¿Qué son los "Kotodama"? 66
Acerca de los tres símbolos 66
El símbolo de potenciación (S-1) y su uso 67
El símbolo de armonía (S-2) y su uso 69
El símbolo que trasciende el tiempo y el espacio (S-3) y su uso .. 71
Método de curación a distancia 73
Curación del pasado 74
Curación al futuro 76
Método de la caja Reiki: logro simultáneo de varios deseos 77
Método de desprogramación: abandono de malos hábitos 77
Aplicaciones de Reiki ‹Nivel 2› 78

6. ‹Nivel 3› Elevar la consciencia mediante la luz de la dimensión
   superior 79
   Aprovechamiento máximo de las técnicas aprendidas........... 79
   Símbolo de maestría (S-4) y su uso 80
   Recibir la guía de la consciencia superior constantemente....... 83
   Conectarse con la consciencia superior y recibir su guía......... 84
   Purificarse por la luz y elevarse mediante la meditación......... 86

7. ‹Nivel 4› Correcta transmisión como maestro................ 87
   Cualidades y roles de un maestro de Reiki.................... 87
   Práctica y continuidad indispensable en la enseñanza........... 89
   El aprendizaje se completa mediante la enseñanza 89

SEGUNDA PARTE
PREGUNTAS Y RESPUESTAS SOBRE EL METODO REIKI
Para una mejor comprensión de Reiki 93

8. Lo que la gente quiere saber de Reiki 93
   Pregunta 1: ¿Cuál es el requisito que hay que cumplir para usar
      la denominación "Método Usui de Reiki"? ¿Cuál es la
      entidad que confiere el título oficial de maestro
      de Reiki y emite los diplomas oficiales?................. 93
   Pregunta 2: ¿Se logra el mismo resultado independientemente
      del maestro?.. 94
   Pregunta 3: ¿Cuál es la diferencia entre Reiki y Chi-Kung? 95
   Pregunta 4: ¿Por qué no es necesario un duro entrenamiento
      ni concentrarse?..................................... 97
   Pregunta 5: ¿Qué significa el mejoramiento de la capacidad
      energética propia?................................... 98
   Pregunta 6: ¿No disminuye el "Ki" al dar a los demás? 99
   Pregunta 7: ¿Nunca se recibe energía negativa de los demás? 101
   Pregunta 8: ¿Es Reiki un método de relajación para eliminar
      el estrés?.. 104
   Pregunta 9: ¿Es posible aprender Reiki sólo con libros?.......... 107

9. Origen de Reiki y su desarrollo hasta el presente............. 108

Pregunta 1: ¿Por qué Reiki no se ha desarrollado en Japón? 108
Pregunta 2: ¿Por qué existen tantas biografías equivocadas
    del maestro Usui? 110
Pregunta 3: ¿Cómo entendía Reiki el maestro Usui? 111
Pregunta 4: ¿Cuál es la verdadera enseñanza del maestro Usui? .. 113
Pregunta 5: ¿Cuáles son los Cinco Preceptos del maestro Usui?... 115
Pregunta 6: ¿Por qué Reiki re-desembarcó en Japón? 117
Pregunta 7: ¿Cuál es la diferencia entre Reiki Tradicional
    y Reiki Occidental? 119

10. Técnicas de Reiki y sus aplicaciones. 123
Pregunta 1: ¿Hasta qué nivel se debe aprender Reiki? 123
Pregunta 2: ¿Cómo se desarrolla la visión del aura y la percepción
    del "Ki"? 124
Pregunta 3: ¿Cuáles son las técnicas de Reiki tradicional? 127
Pregunta 4: Información sobre los símbolos 128
Pregunta 5: ¿Cuál es la meta final de Reiki? 129

TERCERA PARTE
TECNICAS PARA LA AUTO-PURIFICACION Y CRECIMIENTO
Para el mejoramiento del Método Reiki y la elevación
    de uno mismo. 133

11. Método de auto-purificación por Reiki 133
Técnica de "ducha" Reiki. 133
Método de respiración de la luz. 134
Método de respiración con las manos en posición de Gassho.... 135
Método de respiración para activar los chakras 136

12. Técnica de auto-crecimiento por Reiki 138
Técnica de revitalización de las células. 138
Método Nentatsu. Desprogramación. 139
Método de afirmación. Declaración afirmativa sobre
    uno mismo 140
Método de meditación Reiki. 143

13. Sistema de desarrollo de la capacidad del Reiki moderno 145
Concepto del método de Reiki moderno 145
Toda la existencia es vibración energética 146
Método de respiración por vibraciones 146
Método de meditación por vibraciones 149
Método Hatsurei. Auto-potenciación 152
Curación por auto-purificación 154
Método de desarrollo de la percepción de la energía 155

Palabras finales 158
Perfil del Autor 161

Posiciones básicas de Reiki. Modelo: Honoka Doi

Transmisión de la verdad de Reiki desde Japón, su origen.

- Palabras para la edición en español -

En ocasión de ser publicada la versión en español de mi libro "Método Moderno de Reiki para la curación" por una editorial de la Argentina, me siento sumamente satisfecho por el hecho de que mi libro pueda ser leído por las personas extranjeras relacionadas con Reiki.

Se dice que Reiki es "una curación a nivel mundial de origen japonés". Sin embargo, el nombre de Reiki fue totalmente olvidado en el Japón de posguerra. En el exterior se decía que la tradición de Reiki se había extinguido en Japón y según el Reiki que re-desembarcó en nuestro país la situación era así. Hasta hace poco, nadie dudaba de ese hecho.

El primer Reiki que retornó a Japón fue "Radiance Technique". Yo fui alumno de esa escuela, y me informaron que el Reiki de Japón había perecido, y así lo creí. Aun así pensé que podría haber alguien que hubiera aprendido el Reiki Tradicional, aunque la organización hubiese desaparecido. Mi búsqueda fue en vano.

En julio de 1993 participé en un seminario de la Curación por Cristales (Crystal Healing), y tuve la oportunidad de formar pareja con una señora mayor quien era miembro de la Academia de Reiki Tradicional. Ahí me enteré que la Academia de Terapia de Reiki de Usui estaba funcionando y la tradición de los ochenta años había sido transmitida por el primer Presidente maestro Usui hasta la sexta presidente la maestra Kimiko Koyama.

En el mes de octubre del mismo año, me hice miembro de la Asociación de Reiki Tradicional por medio de la presentación de dicha señora y recibí mi primer Sintonización por parte de la maestra Koyama en Kioto. La maestra con ochenta y seis años en aquel entonces, me hizo sentar a su lado y contestó de manera clara y simple mis preguntas. La maestra falleció a los noventa y tres años, y le sucedió el maestro Masaki Kondo como el séptimo presidente.

Habiendo aprendido las dos corrientes de Reiki, la tradicional y la occidental, al conocer la gran diferencia que existe entre ellos y que en el Reiki Occidental había varias escuelas, pensaba de qué manera podría incorporar todo en uno mismo y practicarlos. Al cabo de un tiempo, descubrí que había dos claves comunes entre ellos, que eran "curación del cuerpo y la mente" y la "elevación de la espiritualidad". Sobre esta base he desarrollado el Método de Reiki Moderno, como el Reiki práctico para la gente moderna.

Después me enteré que el contenido de este libro ya había sido traducido por varias personas, aunque de manera fragmentada, y había sido difundido en el exterior mediante Internet, respondiendo a los requerimientos de muchos practicantes del exterior. El Señor Yukio Miura, maestro de Reiki de Japón era uno de ellos.

En agosto de 1999, se celebró una reunión internacional de los maestros de Reiki en Vancouver, Canadá. Fue organizado a raíz del intercambio de informaciones que mantenía el Señor Miura a través de Internet con sanadores de los EE.UU., Canadá e Inglaterra. Tuvo lugar un taller de Reiki en Japón durante tres días, con la colaboración de la Asociación de Reiki de Canadá.

En ese taller participaron unos setenta maestros de Reiki, de origen canadiense, americano, inglés, francés, alemán, chileno, además de un japonés radicado en Canadá. De Japón participamos tres maestros: el Señor Miura, la señora Yuko Okamoto y yo. Yo dicté una conferencia, el señor Miura se desempeñaba como intérprete y la señora Okamoto se encargaba de la demostración.

Asistió también la maestra Wanja Twan, una de los veintidós maestros discípulos de la maestra Takata, junto con sus jóvenes alumnos.

En el taller, los participantes compartieron valiosos documentos e informaciones relativos a Reiki. Estas informaciones fueron transmitidas a numerosos maestros de Reiki del exterior mediante Internet, con un importante impacto. Además de los maestros que participaron en el taller, muchos maestros comenzaron a incorporar los resultados del taller en sus respectivos seminarios. Se empezó a transmitir la verdad sobre el maestro Usui y el origen de Reiki.

Posteriormente los maestros que habían estado a cargo del planeamiento y organización del taller fundaron URRI (Usui Reiki Ryoho International) para respaldar a los participantes, a fin de que los mismos puedan adquirir las informaciones necesarias libremente por medio de Internet.

Paralelamente se abrió el sitio llamado URRI-ALL, para que cualquier persona pueda participar. Estoy verdaderamente orgulloso y satisfecho porque el taller no fue un evento pasajero, sino que continúa ofreciendo las informaciones a los maestros de Reiki de todo el mundo. Se decidió celebrar un taller organizado por URRI a principios de noviembre de 2000 durante tres días en Kioto, lugar de origen de Reiki. Es un verdadero regalo de la fuente de Reiki poder encontrarme nuevamente con los amigos extranjeros de Reiki en los últimos días del siglo XX.

De los países de habla española, un maestro chileno participó en el taller de Vancouver, y en septiembre de 1999 visitaron nuestro país los señores Antonio Moraga y José Luís Cal Martín, y la señorita Rika Saruhashi, de España, quienes aprendieron el Método de Reiki Moderno en Japón.

Actualmente el señor Moraga en la Alianza Española de Reiki se dedica a la difusión de Reiki y el señor José Luís Cal Martín, se dedica a la enseñanza, investigación y terapia, en KARUNA, Centro Reiki de Sanación Natural, de Vigo. Los dos hacen un uso activo de los materiales sobre el Método de Reiki Moderno, traducidos por la Señorita Saruhashi.

No me imaginaba que el contenido de este libro publicado en mayo de 1998 fuera difundido en el exterior. Siento que verdaderamente el mundo se ha achicado y pienso que los maestros de Reiki que vivimos en Japón que es el país de origen de Reiki, tenemos el deber de hacer mayores esfuerzos por transmitir las verdades de Reiki a los maestros que viven en los países extranjeros.

A los lectores de este libro, les solicito que transmitan a sus amigos y conocidos las verdades de Reiki y del maestro Usui.

Deseando a todos que alcancen las vibraciones de amor, armonía y sanación de Reiki.

Octubre de 2000.
Hiroshi Doi

Introducción

Reiki es una técnica de curación e iluminación basada en la luz y el "Ki"

◊ **Reiki es una técnica curativa mediante la energía cósmica.**

Reiki es un método terapéutico para corregir los desequilibrios psíquicos y físicos por medio de la utilización tradicional del "Ki". Se trata de una excelente técnica de curación que ha sido difundida ampliamente en Occidente, principalmente desde los Estados Unidos.

Los aspectos más característicos de Reiki son los siguientes:
1. No hace falta un duro entrenamiento. Al recibir la energía, cualquier persona puede realizar la curación con las manos.
2. Una vez adquirida esa capacidad, la misma no se pierde; permanece por siempre.
3. No es necesaria una concentración consciente. Al colocar las manos, fluye la energía necesaria.
4. Se logran los mismos efectos independientemente de la creencia o no.
5. No se recibe la energía negativa del paciente.

Últimamente se han reconocido sus ventajas no solo como curación psicofísica, sino también como un método de elevación espiritual, por lo que un gran número de personas lo están aprendiendo. En el presente, Reiki está teniendo un auge silencioso, como una técnica curativa de fácil acceso.

◊ **Reiki es un mensaje desde la edad antigua.**

El método de utilización de las ondas cósmicas de Reiki fue desarrollado en la antigüedad (en la era prehistórica) como una de las técnicas místicas de los chamanes o líderes espirituales y fue destinado para curar a las personas y guiar sus espíritus. Fue oralmente transmitido de generación en generación sin ser puesto al conocimiento de la gente común y fue descubierto nuevamente por Mikao Usui hace aproximadamente cien años, siendo perfeccionado como "Método Usui de Reiki" de curación mediante la irradiación de la luz y del "Ki". A partir de entonces, se ha utilizado para curar a los enfermos y al mismo tiempo dicha capacidad curativa ha sido concedida a cualquier persona que lo deseara.

Por no haber sido revelado durante un largo período dentro de Japón, su existencia no había sido conocida salvo por una minoría, hasta que fue "re-importado" desde los Estados Unidos.

Luego de que los libros editados en dicho país fueran traducidos al japonés y comenzaran a organizarse los seminarios, hubo una rápida difusión, a la que contribuyó el auge del Chi-Kung.

◊ Significado del retorno de Reiki a Japón.

En estos últimos años se están publicando varios libros sobre Reiki y numerosos artículos en las revistas relativas al mundo espiritual, lo que contribuye a la rápida expansión del número de personas que se interesan en Reiki. Paralelamente se está difundiendo el método de utilización de los máximos símbolos, largamente guardados dentro de Japón, y la capacitación de maestros. Estos fenómenos no se deben simplemente a que ha llegado el momento apropiado, sino a que el Japón actual lo necesita.

Para que se realice una sociedad próspera y pacífica en el real sentido de la palabra, resulta esencial que nosotros mismos seamos responsables de nuestro modo de vivir y esforzarnos constantemente por elevar nuestra valía, sin ser guiados por pensamientos apocalípticos o ser seducidos por placeres impulsivos.

El medio ambiente que nos rodea en la actualidad está repleto de tensiones excesivas y estrés que agreden nuestro cuerpo y mente. Las personas que están sufriendo, no están preparadas en ese momento para ayudar al prójimo. Por lo tanto, deberíamos aprender primero cómo liberarnos de las tensiones innecesarias y vivir relajados. Reiki posee efectos extraordinarios como método de relajación que elimina el estrés.

◊ **MAYOR COMPRENSIÓN DEL MÉTODO REIKI.**

Actualmente existen numerosas personas y entidades que organizan seminarios sobre Reiki y está aumentando el número de maestros que realizan la sintonización en esta energía.

En una conferencia "Contacto con el Reiki tradicional" organizada el 23 de diciembre de 1997, donde participé como uno de los disertantes, se informó que el número de las personas relacionadas a Reiki que se encuentran registradas en Internet asciende a dos mil.

Sin embargo, aún no existen respuestas claras a las siguientes preguntas esenciales que pudieran tener los que desean aprender Reiki: si todos los maestros poseen la misma capacidad; si se logra el mismo nivel aprendiendo de cualquier maestro, porqué hay seminarios con diferentes programas; si el método tradicional de Usui es igual al método occidental de Reiki; ¿cómo se realiza la transmisión de energía?, etc.

Asimismo, ¿se estaría efectuando un seguimiento adecuado para el uso de la técnica y el mejoramiento para las personas que ya han aprendido Reiki? Por ejemplo hay personas que tienen dudas sobre los efectos de Reiki, o los que dicen que sufren de la energía negativa transmitida por las personas a quienes aplican la técnica.

Mi intención al escribir este libro es dar respuestas a estas dudas, sobre la base de mis propias experiencias.

◊ **MÉTODOS DE AUTOPURIFICACIÓN Y AUTOCRECIMIENTO QUE SE APRENDEN MEDIANTE ESTE LIBRO.**

Hemos visto los cinco aspectos característicos de Reiki. Aunque es cierto que Reiki tiene esas características, también es cierto que son algunos aspectos y la esencia de Reiki no es tan fácil ni sencilla.

Al entender, erróneamente, que la esencia de Reiki se resume a dichas características, se tiende a abandonar los esfuerzos de superarse, luego de asistir a un seminario, pensando que ya sabe lo que es Reiki, o por otro lado, creyendo que Reiki es una mera técnica, estando orgulloso de haber desarrollado la habilidad solamente para satisfacer su propio ego. Naturalmente nada está más lejos que eso, de la aplicación auténtica de Reiki.

El verdadero espíritu de Reiki no se limita al desarrollo de la capacidad de curación, sino que está destinado a la purificación y crecimiento de uno mismo, a fin de completar nuestro "necesario aprendizaje" mediante las actividades de la vida diaria.

La Primera Parte "Este es el Método Reiki", está dedicada tanto a las personas que ya lo han aprendido como a las que desean aprenderlo ahora, conteniendo un resumen de los conocimientos necesarios respecto del método Reiki.

En la Segunda Parte "Preguntas y Respuestas sobre el Método Reiki" se explica a modo de preguntas y respuestas las dudas que pudieran surgir, a fin de lograr un mejor entendimiento de Reiki.

En La Tercera Parte "Técnicas para la Auto-purificación y Crecimiento", se presentan las técnicas para lograr dichos objetivos, como así también los sistemas para desarrollar la capacidad. Especial énfasis está puesto en el Método de Auto-potenciación, creado por el maestro Usui, para desarrollar la espiritualidad.

Para las personas que han transitado dichas etapas, se les indicará el método supremo de utilización de Reiki para acercarse a la etapa de iluminación lograda por el maestro Usui.

Sería para mí un gran placer, si este libro contribuye al mejor entendimiento de Reiki y al aumento de la cantidad de personas que comprendan la correcta utilización del método.

Febrero de 1998.
Hiroshi Doi

PRIMERA PARTE
ÉSTE ES EL MÉTODO REIKI

Resumen de los conocimientos relativos a Reiki

1. ¿Qué es Reiki? y ¿qué es el método Reiki?

◊ LA IMPOSICIÓN DE MANOS ES UNA TERAPIA NATURAL QUE EXISTE DESDE LA ANTIGÜEDAD.

Desde la época antigua, tanto en el Oriente como en el Occidente, la gente se había dado cuenta de la misteriosa energía que se irradiaba por las palmas de las manos. Cuando nos duele la cabeza o el estómago, todos nos colocamos las manos en la parte enferma. Ocurre lo mismo cuando nos lastimamos o nos golpeamos; nuestras manos se colocan en aquellas partes que duelen como un reflejo. Se trata de un acto inconsciente, realizado de manera instintiva. Empíricamente se sabía que de este modo se podía aliviar el dolor rápidamente.

También se sabía que el grado del efecto logrado variaba de acuerdo con la persona que colocaba las manos. Algunas personas tenían varias veces más potente su capacidad curativa en comparación con las demás. De esta manera, los actos inconscientes se han sistematizado como "terapia de imposición de las manos", y organizado un sistema de aprendizaje y entrenamiento a fin de elevar la capacidad curativa. Las manos de aquellos expertos perciben las partes enfermas al sólo colocarlas en el cuerpo y pueden aliviar el dolor y los otros síntomas de manera acelerada. La "terapia de imposición de las manos" llegó a ocupar una posición importante dentro de la medicina primitiva como una terapia natural.

Los antiguos documentos registran que tanto el Buda como Cristo sanaron a los enfermos mediante la imposición. Asimismo, en las épocas de la Grecia antigua y de Roma, se realizaba dicha terapia. Cabe señalar que en los países europeos los reyes curaban a los enfermos por medio del "toque real", tocando a los enfermos con sus manos.

◊ ¿QUÉ ES EL MÉTODO REIKI?

El método Reiki tiene su origen en la curación con las manos, al igual que la "imposición" que existía desde antaño. Lo que lo diferencia de las otras técnicas terapéuticas es que no requiere entrenamientos ni prácticas exigentes, siendo posible realizar la curación para cualquier persona, mediante un único sistema. Además por medio de la práctica de la curación y del aprendizaje de la utilización de la energía cósmica, se logra aplicar esta técnica para crear una mejor calidad de vida.

El método Reiki tiene su origen en el "Método Usui de Reiki", como el método de "sanación del cuerpo y la mente sobre la base del Reiki del universo", creado por el maestro Mikao Usui (1865-1926), hace aproximadamente ochenta años. Tuvo una amplia difusión como "terapia de imposición" con extraordinarios efectos, especialmente dentro de la Armada, mediante el apoyo de los contraalmirantes Ushida y Taketomi.

Luego del fallecimiento del maestro Usui, Reiki se difundió en los Estados Unidos de América, donde tuvo un desarrollo propio como la "terapia Reiki para curación psicofísica", en unión con el movimiento de "New Age". Posteriormente a partir de dicho país fue difundido en todo el mundo, siendo "re-exportado" a Japón en la segunda mitad de la década del 80.

De este modo, el Reiki nacido en Japón se ha internacionalizado y ha sufrido varios cambios, hasta que se ha establecido en la actualidad no sólo como una excelente "técnica de curación", sino también como un "método efectivo para la elevación espiritual y creación positiva de buenos hábitos de vida", habiendo sido desarrolladas varias maneras de aplicación.

◊ REIKI ES LA ENERGÍA CÓSMICA.

El maestro Usui afirma que toda la existencia en el universo posee Reiki, denominando "Reiki" a la energía cósmica que es el origen de toda existencia en el universo. Se refiere a la "onda energética de amor" emitida por la "existencia superior", que no es otra cosa que la "luz" pura.

El macrocosmos, la naturaleza, sigue su curso y circula en forma ordenada y sin detenerse ni por un segundo. El ser humano es el microcosmos constituido de la misma manera que la naturaleza, sintonizándose con el macrocosmos y resonando con la onda energética del macrocosmos. La onda energética que une el macrocosmos con el microcosmos, que es el ser humano, es el nivel del amor llamado "energía cósmica".

La "energía cósmica" existe en toda la existencia: en el cuerpo humano se convierte en la "energía vital", dándonos un vigor para vivir esta vida y una capacidad de curación espontánea. La "energía vital" es llamada de varias formas, tales como: aura, "Ki", ánimo, Reiki, Reishi, magnetismo vital, prana, radioactividad corporal y otros. El hombre denominado, el "rey de toda la creación", es el que posee una mayor cantidad de Reiki e irradia activamente el aura.

◊ EL MÉTODO REIKI ES LA UTILIZACIÓN DE LA ENERGÍA CÓSMICA.

Reiki es una técnica por la que el terapeuta se conecta con la "energía cósmica y la onda energética de amor", y se convierte en su canal para sanar a todos aquellos que ve y toca. "Convertirse en canal de Reiki" significa elevarse a sí mismo para poder integrarse con la consciencia, con el ritmo del universo, recibir y transmitir la onda energética de amor.

La esencia de Reiki reside en la energía transmitida por el maestro, que permite practicar la sanación mediante el contacto instantáneo con Reiki según la necesidad, en cualquier momento y en cualquier lugar.

La transmisión de energía se efectúa a cada uno de los que lo deseen, a fin de convertirlo en canal de energía cósmica y lograr su resonancia con el macrocosmos. Este trabajo se denomina "Sintonización". De este modo, el que lo recibe está en condiciones de tomar contacto con la energía cósmica en cualquier momento, para poder utilizarla.

◊ LA ENERGÍA CÓSMICA ES EL NIVEL DEL AMOR DE LA ENERGÍA UNIVERSAL.

Últimamente se está utilizando la palabra "energía cósmica" con frecuencia. Algunos dicen haber descubierto una nueva energía y la denominan "energía xxx" o "poder xxx". Otros proponen utilizar ese poder como la "energía del futuro" o para "la realización de uno mismo o consecución de los deseos". Sin embargo, su sustancia no está claramente definida. En algunos casos se refiere a una sustancia similar a Reiki y en otros no. La diferencia reside en un punto: si se trata de la "onda energética de amor" que da vida y armonía a toda la existencia.

Considero que Reiki, que es la energía cósmica, es lo que se resume a continuación: "Es la energía que dio origen al macrocosmos, generó el sistema solar, engendró vida al globo terráqueo, la mantiene en un orden disciplinado y continúa evolucionándola constantemente, siendo la energía que da origen a todos los sucesos y fenómenos que ocurren en el universo". Asimismo, entiendo que es la energía de onda sutil (onda energética de amor) irradiada por la consciencia Superior del universo, que es el "ser de la dimensión superior" para expresar su voluntad.

◊   ¿QUÉ ES EL NIVEL DEL AMOR?

Ahora, ¿qué significa el nivel del amor? La definición de "amor" varía según la persona. Pienso que el amor es la "energía vital irradiada por una consciencia superior para todas las direcciones y que se expande en forma equilibrada".

Por ejemplo, piense que el amor es como el sol. Algunos dirán "el sol, que es una sustancia, no tiene consciencia"; sin embargo, en la física cuántica, se explica que toda sustancia tiene consciencia. El sol emite la energía vital para dar vida a toda la existencia en todas las direcciones y de manera ininterrumpida y dicha energía se transmite en forma de calor, luz y vibraciones. Esa es una de las "ondas energéticas de amor" generada por la "existencia de dimensiones superiores".

El sol que percibimos es la sustancia, pero al mismo tiempo el sol como una existencia espiritual emana una energía de sanación en forma constante.

El amor que sentimos también tiene una onda similar al amor cósmico, pero dirigida a una dirección específica, por poseer sentimientos humanos. Sin embargo, el amor humano puede ser convertido al amor cósmico si es sublimado a la energía que se transmite de modo omnidireccional y equilibrado, mediante la expansión de la consciencia.

◊ **LA ENERGÍA CÓSMICA ESTÁ OMNIPRESENTE EN FORMA DE ONDA.**

Ahora analicemos la relación entre la energía cósmica y nosotros. Cuando alzamos la vista al cielo nocturno, podemos observar la extensión ilimitada del espacio con un sinnúmero de estrellas relucientes. Podemos ver tan solo una ínfima parte del universo, llamado el sistema solar. Los científicos sostienen que alrededor de cien mil millones de sistemas similares al sistema solar conforman el sistema galáctico, y que existe aproximadamente otro tanto de éste último. La explosión llamada "Big Bang" a la que se atribuye la generación de estos sistemas se debe a la energía cósmica.

La creación del sol, la luna y la tierra, los mares y los seres vivos en la tierra, así como la evolución de la humanidad se atribuye a la energía cósmica. Ella existe como fuerza vital dentro de una hierba sin nombre y en cada semilla de un grano. El ser humano como parte del macrocosmos, vive gracias a dicha energía, que llena el espacio en forma de ondas. La ciencia avanzada explica que toda la existencia son ondas vibratorias y poseen las mismas propiedades, con diferentes frecuencias.

Para el ser humano, la coincidencia de la frecuencia de onda con el universo produce el estado sano tanto físico como mental, que es lo que denomina Bahsharl "condición de vivir con goce".

Cuando al contrario, el ritmo de las actividades físicas o mentales no coincide con el del macrocosmos o del universo, se desequilibra el estado de salud.

En ese sentido, Reiki no es algo que "modifica a la persona radicalmente", sino que se trata de un sostén que nos ayuda a sintonizar nuestra vibración con la del universo, para restablecernos como "la existencia que debemos ser esencialmente" y a eliminar los desequilibrios del cuerpo y de la mente, para que podamos completar el "aprendizaje necesario" para nuestra alma. Con esa finalidad, vamos a aprender la manera de utilizar dicha energía.

◊ **CARACTERÍSTICAS DEL MÉTODO REIKI. ONCE PUNTOS CLAVE.**

Les serán presentados los aspectos característicos de Reiki. Varias entidades y personas los describen en diversas formas. En este libro han sido resumidos en los siguientes once puntos:

A fin de evitar cualquier interpretación superficial que podría originar malentendidos, se han agregado algunas aclaraciones necesarias para una correcta comprensión.

1. No es necesario un duro entrenamiento o práctica previa: Mediante la Sintonización, se abre el canal para transmitir energía, siendo posible para cualquier persona realizar la sanación desde ese mismo momento.

   Si bien no es necesario un duro entrenamiento para lograr la capacidad sanadora, es necesario continuar los esfuerzos para la auto-purificación y el desarrollo de la espiritualidad, a fin de elevar la capacidad y para poder convertirse en un canal limpio y claro de la energía.

2. Una vez adquirida esa capacidad, la misma no se pierde: Una vez abierto el canal de Reiki, nunca disminuirá su efectividad, independientemente de su aplicación o no.

   La capacidad lograda por medio de la transmisión de energía es inicial y básica; depende del grado de capacitación de cada uno para elevarla a un nivel superior. Si no se usa, se limitará a permanecer en un nivel primario.

3. Aumento de la capacidad: Cuánto más se usa más fuerte se hace la capacidad sanadora. No se agota ni disminuye por su uso.

   Al ser utilizada la capacidad se vuelve más potente para curarse a uno mismo y a los demás; sin embargo, es importante reconocer que uno es el canal de Reiki. No se debe tener la ilusión de que la capacidad le pertenece a uno mismo o intentar reforzar la capacidad sanadora de manera consciente, dado que de este modo podría llegar a perder la energía vital y causar desequilibrios en su salud.

4. No es necesaria la concentración ni esfuerzo: Al sólo colocar las manos, fluye la cantidad necesaria de Reiki, por lo que no hace falta ni concentrarse ni esforzarse.

No sólo no hace falta, sino que no se debe concentrar ni la consciencia ni los deseos. Se debe relajar y colocar las manos con la mente en blanco.

5. No se transmite la energía negativa: Dado que Reiki es una luz clara, no transmite la energía negativa.

No se debe preocupar por esta posibilidad, siempre y cuando sea canal de energía Reiki. Se debe enfocar la mente en el centro de la región abdominal y mantener la consciencia en un nivel alto para evitar sintonizar con energías de bajo nivel.

6. Es efectivo aunque no crea en él: Reiki tiene efectos independientemente de las religiones y pensamientos, y no tiene relación con la creencia en él mismo.

Da resultados a los enfermos inconscientes, las mascotas y las plantas, lo que prueba que los efectos no tienen relación con la fe. Sin embargo, las personas tienen derecho a negarlo y a los que lo rechazan no les fluye la energía. Por lo tanto, no debe obligar a los que no lo deseen.

7. Es efectivo para todos los seres vivos: La curación por Reiki es efectiva para los animales y plantas, así como los seres no animados como los minerales. Se usa para purificar la energía de un lugar.

Reiki es efectivo para toda la existencia del universo. Es necesario, sin embargo, mantener una consciencia clara a fin de evitar sintonizar con las vibraciones bajas o superfluas, porque existen sustancias que poseen esa clase de vibración.

8. Efectos sinérgicos con las demás técnicas: Se multiplican los efectos si se emplea junto con la medicina, medicamentos o técnicas tales como acupuntura, Chi-Kung, Seitai, trabajo con energía y otros, para multiplicar sus efectos.

Reiki activa la energía vital y aumenta la capacidad de autocuración. Los medicamentos y las otras técnicas terapéuticas logran ejercer su plena capacidad al ser empleados con Reiki.

9. Trasciende el tiempo y el espacio: El uso de los símbolos permite realizar la sanación a distancia, para el pasado y para el futuro, trascendiendo el tiempo y el espacio.

Toda la existencia son vibraciones. En el mundo real el sujeto y el objeto es una sola existencia, y las barreras de tiempo y espacio no existen. Los símbolos son necesarios hasta llegar al reconocimiento, pero una vez lograda la comprensión de la esencia, ya no nos hacen falta.

10. Se puede purificar los karmas: Reiki es efectivo para purificar los traumas y karmas. También da resultado para mejorar las informaciones genéticas registradas en el ADN. Para lograr una verdadera felicidad, se debe eliminar el karma del pasado que ejerce una influencia negativa. Resulta necesario para tal fin repetir el proceso de auto-purificación mediante la energía Reiki, eliminando completamente el karma del pasado, y evitando que se genere un nuevo karma.

11. Es un hito para la iluminación: Es posible elevarse a uno mismo y lograr la auto-realización, sintonizando con Reiki diariamente mediante la auto-purificación y meditación.

La esencia de Reiki reside en aplicar la guía de Reiki en la vida diaria y acercarse al estado de iluminación logrado por el maestro Usui. Es decir la auto-realización en medio del silencio, la paz y la suprema felicidad.

2. Estructura general del método Reiki.

◊ LAS CUATRO ETAPAS QUE CONFORMAN EL MÉTODO REIKI.

El método Reiki en la actualidad está dividido en cuatro etapas, desde el ‹Nivel 1› hasta el ‹Nivel 4›. Se ha diseñado de modo tal que se pueda aprender paso a paso de manera gradual y natural. El método tradicional de Reiki, estaba conformado por tres etapas: iniciación (Shoden), avanzada (Okuden) y maestría (Shinpiden). En el Reiki moderno, se ha diseñado un cuarto nivel destinado a formar maestros. En algunas escuelas se establecen cinco etapas. En este libro se ha empleado el sistema de cuatro niveles.

Seguidamente veamos las características y el contenido del aprendizaje de cada nivel.

◊ ‹NIVEL 1› APRENDER REIKI.

Se realizan cuatro transmisiones de energía para establecer el canal de Reiki, lo que se denomina "Sintonización". "Sintonizar" significa hacer coincidir la frecuencia, lo que en Reiki implica establecer las condiciones o el entorno apropiado para "conectarse con la energía Reiki y convertirse en canal para su transmisión". De este modo se asegura un canal de comunicación con Reiki, el que puede ser usado para conectarse cada vez que sea necesario.

Posteriormente se aprende a hacer fluir la energía necesaria de manera automática, al sólo colocar las manos. Al mismo tiempo, se adquiere el conocimiento básico de Reiki y la técnica de sanación, siendo posible aplicarla desde el primer día.

A pesar de ciertas diferencias según la escuela o el maestro, en el ‹Nivel 1› se aprenden y practican los siguientes aspectos.

1. Descripción de Reiki: origen, desarrollo, concepto, estructura general, Sintonización y otros.
2. Método básico para la curación: uso de las manos, método de purificación del aura, doce posiciones básicas y otros.
3. Curación por Reiki de personas: auto-curación y curación a los demás.
4. Preparación para la sesión de Reiki.
5. Curación por Reiki de animales y plantas.
6. Método de purificación e inyección de energía. Método para purificar los sitios, habitaciones, amuletos, alhajas, metales preciosos y otros; método de inyección de energía; método para cortar la energía negativa.
7. Principales técnicas de curación: maratón Reiki, círculo Reiki, Método Nentatsu, etc.
8. Curación para la auto-purificación y auto-crecimiento: método de baño seco, método de respiración para activar los chakras, método de respiración de la luz, método de respiración con las manos en posición Gassho.
9. Método de aplicación de Reiki una vez finalizado el ‹Nivel 1›.

◊ ‹Nivel 2› Potenciar Reiki y ampliar su uso.

En este nivel se realizan tres sintonizaciones, y se confieren tres símbolos, así como los tres "Kotodama" (espíritu del lenguaje) correspondientes. Se debe entender que son herramientas útiles para la aplicación de la energía y que se usan letras o gráficos como símbolos y sonidos como "Kotodama".

En primer lugar se eleva la calidad de la energía que fluye, mediante la Sintonización del ‹Nivel 2›, duplicándose la potencia sanadora.

Seguidamente se aprende a concentrar la energía en un determinado punto, enviar la energía de equilibrio y armonía a un determinado sentimiento y realizar la curación superando el tiempo y espacio, conectándose con los sitios lejanos así como con el pasado y futuro, por medio del uso de los símbolos y los "Kotodama". De este modo se expande indefinidamente el escenario de aplicación de Reiki.

En el ‹Nivel 2› se aprenden y se practican los siguientes aspectos:

1. Base de la curación simbolizada, comprensión y aplicación de la técnica de curación mediante los símbolos y los "Kotodama".
2. Primer Símbolo, "Símbolo de potenciación" y su uso.
3. Segundo Símbolo, "Símbolo de armonía" y su uso.
4. Tercer Símbolo, "Símbolo que trasciende el tiempo y espacio" y su uso.
    (1) Curación a distancia: Técnica para sanar a una persona que se encuentra a distancia.
    (2) Curación para el pasado: Técnica para curar los traumas mentales y emocionales, enfocándose en el pasado, o para eliminar los karmas.
    (3) Curación para el futuro: Técnica para enviar la energía Reiki a una imagen futura deseable de uno mismo o de una situación.
5. Técnicas representativas de curación: Caja Reiki, Desprogramación, conexión a tierra.
6. Varias técnicas tradicionales.
7. Técnicas de auto-purificación y auto-crecimiento: Método de Auto-potenciación, curación por auto-purificación, técnica de activación celular.
8. Método de aplicación de Reiki una vez finalizado el ‹Nivel 2›.

◊ **<Nivel 3> Elevar el nivel de la consciencia y vivir una vida creativa.**

Se realizan tres sintonizaciones y se confiere el "Cuarto Símbolo y Kotodama" al mismo tiempo. Con estas sintonizaciones, la calidad de la energía que fluye cambia sustancialmente, convirtiéndose en una vibración fina y sutil, propia de una onda de muy alto nivel. En esta etapa muchos sienten paz y anhelo. La energía Reiki trabaja sobre el cuerpo y la mente, para que la persona se conecte y se integre con la luz superior.

El Cuarto Símbolo, el máximo símbolo de Reiki, también denominado "Símbolo de Usui" o "Símbolo Maestro", es considerado sagrado tanto en Japón como en el exterior.

En este nivel la meta ya no es la curación, sino conectarse con la consciencia suprema, elevarse así mismo a través de la vida diaria y sintonizarse constantemente con la onda que es la guía para el crecimiento espiritual. Es el máximo nivel de energía, que ayuda enormemente a mejorar la capacidad de curación y de auto-purificación.

En el ‹Nivel 3› se aprenden y se practican los siguientes aspectos:

1. Cuarto Símbolo, "Símbolo Maestro" y su uso.
2. Método para conectarse con las dimensiones superiores: consciencia superior y Yo Superior.
3. Profundizar la meditación y elevarse a uno mismo: Meditación, método de afirmación y otros.
4. Esencia del método Reiki del maestro Usui: concepto de maestro de Reiki, sus enseñanzas y otros.
5. Hitos para la iluminación: claves para aplicar Reiki en la vida diaria y vivir una vida creativa.
6. Explicación sobre las técnicas tradicionales.
7. Técnicas de auto-purificación y auto-crecimiento: Respiración por vibraciones, meditación por vibraciones y otros.

◊ **<Nivel 4> Curso de capacitación de maestros.**

Se trata de un curso cuyo objetivo es formar y capacitar maestros de Reiki capaces de transmitir la energía y guiar sus aplicaciones.

Sería sencillo enseñar solamente la técnica a los que quieren aprenderla; sin embargo, para poder transmitir una clara energía, no alcanza haber aprendido simplemente el proceso de Sintonización, siendo indispensable seguir entrenándose aún luego de haber finalizado el Tercer Nivel. En las escuelas serias se realiza un seguimiento mediante los encuentros para intercambio y entrenamiento.

En el ‹Nivel 4› se aprenden y se practican los siguientes aspectos:
1. Teoría y práctica de la Sintonización.
2. Preparación para ser maestro de Reiki.
3. Comprensión y aplicación de los símbolos y los "Kotodama".
4. Temas que se deben enseñar en cada nivel.
5. Aspectos a tener en cuenta en un seminario de Reiki.
6. Técnicas tradicionales de la terapia Reiki.
7. "Reiju": Sintonización al estilo tradicional japonés.
8. "Reiju" especial para maestros: Sintonización integral de todos los símbolos.

◊ Lo que se aprende en cada nivel.

Se resumen a continuación las características de cada nivel, aclarando qué es lo que se aprende en cada uno. Lo que se debe comprender primero, es que su concepto es simple.

En los primeros pasos, los que tienen el primer contacto con Reiki tienen que entender y aprender muchas cosas; a medida que los alumnos van avanzando, van descubriendo que es bien simple, porque no hace falta aprender todas las técnicas para aplicar Reiki. La base es simple y compuesta de pocos puntos. Luego en la etapa de aplicación, se pueden probar varias técnicas, de las cuales se recomienda usar solamente las que les hagan sentir cómodos.

En el ‹Nivel 1›, las cuatro sintonizaciones abren el canal de transmisión de Reiki, y se aprenden los métodos de curación del cuerpo y de la mente, así como el de purificación de la energía; simplificando, "se adquiere la capacidad sanadora de Reiki, y se aprenden las técnicas para su aplicación".

En el ‹Nivel 2›, por medio de tres sintonizaciones se mejora la calidad y la potencia de la energía Reiki. Asimismo se aprenden las técnicas avanzadas para concentrar la energía, recuperar el equilibrio espiritual y realizar la sanación más allá del tiempo y espacio, mediante el uso de los símbolos y los "Kotodama". Vale decir que "se eleva la capacidad sanadora y se expande el alcance de aplicación de Reiki mediante la curación a través de símbolos".

En el ‹Nivel 3› se reciben tres sintonizaciones, las que permiten conectarse con la luz de altas dimensiones y alcanzar el nivel máximo de vibración. Al mismo tiempo se conecta con la Consciencia Superior por medio del Símbolo Maestro, a fin de elevarse diariamente, guiado por la misma. En resumen, se trata de la máxima aplicación de Reiki en la "realización de uno mismo, con la ayuda y guía de la energía de amor que nos envuelve".

◊ ABRIR EL CANAL MEDIANTE LA "SINTONIZACIÓN".

Se brindará una breve descripción de la Sintonización.

Luego que el maestro Usui practicara un ayuno de veintiún días en el monte Kurama de Kioto y alcanzara la iluminación para descubrir Reiki, su pensamiento fue que no se podía monopolizar dicha capacidad, sino que la misma debía ser compartida con los demás. Por lo tanto, se dedicó a investigar un gran número de documentos antiguos y luego de un gran esfuerzo y dedicación, creó el método de transmisión de energía denominado "Reiju" y desarrolló el Método de Auto-potenciación para elevar el flujo de Reiki.

De esta manera fundó la Escuela Usui de Terapia Reiki, en la que cualquier persona que lo deseara podía recibir la iniciación de energía, así como la capacidad de curación. La primera transmisión "Reiju" fue efectuada en el barrio de Harajuku de Tokio. Se sabe que dicha iniciación se transmitió a los Estados Unidos, donde se llegó a denominar "attunement", sintonización.

La palabra "attunement" se utiliza, según el diccionario, para describir la acción de "ajustar la resonancia para hacerla coincidir con la onda de la radio". El verbo "to attune" significa "afinar el instrumento" y también "acordar los pensamientos". De ahí se denomina "attunement" la transmisión de energía por la que se sintoniza la resonancia con la energía de altas dimensiones. Algunos maestros la denominan "iniciación". En los términos actuales, puede expresarse como "abrir el chakra", aunque no son totalmente idénticos.

Al realizar la Sintonización, primero el maestro se purifica tanto su cuerpo como su mente, se conecta con la vibración de Reiki y se envuelve con la luz. Luego establece una línea de flujo de Reiki, desde la coronilla hasta el sacro del alumno, a lo largo de la columna vertebral. Seguidamente envía energía Reiki a los puntos determinados sobre la línea trazada y estimula su flujo. Hace fluir la energía sobrante hacia los pies y realiza la Sintonización a fin de que se irradie la energía sanadora lo más potente posible, regulada desde las palmas de las manos.

A partir del ‹Nivel 2›, se establece la condición (entorno) en cada punto, de manera de poder lograr la resonancia con las vibraciones de las altas dimensiones mediante los símbolos y los "Kotodama".

Es indispensable que dicho proceso sea llevado a cabo para cada aspirante, de parte de un maestro capaz de transmitir una clara energía y con fina vibración, lo cual es la esencia de Reiki.

3. Desde el origen de Reiki hasta el presente.

◊ MIKAO USUI, CREADOR DE REIKI.

No se ha trasmitido hasta el presente los detalles de la biografía del maestro Usui, salvo algunos fragmentos de carácter legendario. Especialmente en el método Reiki difundido en el exterior, principalmente desde los Estados Unidos, se han creado varias leyendas. Uno de los registros confiables es el epitafio de la lápida del maestro, construida en el templo de su familia ubicado en Tokio, por algunos de sus dos mil discípulos, en febrero de 1927, el año siguiente de su fallecimiento. El epitafio está redactado en japonés antiguo que, traducido al lenguaje moderno, sería lo siguiente:

La virtud es lo que uno logra espontáneamente mediante la práctica y el entrenamiento mental, mientras se llama mérito lo que es realizado para difundir los modos de guiar y salvar a los demás. El hombre con gran virtud y gran mérito es digno de ser llamado el gran fundador. Aquellos genios, dotados o filósofos que han creado o fundado nuevas disciplinas o corrientes poseen esta característica. El maestro Usui ha sido uno de ellos.

El maestro creó el "método para mejorar el cuerpo y la mente sobre la base del Reiki universal". Desde todas partes del país, acudían personas que deseaban aprender la terapia o ser curadas por la misma, teniendo su método una gran difusión.

El nombre del maestro era Mikao, y su seudónimo, Gyoho. Oriundo del pueblo de Taniai del distrito de Yamagata de la prefectura de Gifu, es descendiente de un samurai que vivió al fin de la era Heian y hacia principios de la era de Kamakura. El nombre de su padre fue Taneuji, popularmente llamado Uzaemon. La familia materna era de apellido Kawai. El maestro nació el 15 de agosto de 1865. Desde su infancia se ha descollado como alumno brillante, a pesar de haber tenido que trabajar para pagar su estudio.

Una vez llegado a la mayoría de edad, viajó a los Estados Unidos y a China para estudiar. No tuvo suerte en cuanto al mejoramiento de su situación socioeconómica, pero ello no le impidió seguir estudiando y capacitándose.

Un cierto día subió al monte Kurama y comenzó a hacer ayuno y práctica ascética. Al cabo de veintiún días, repentinamente sintió una gran energía sobre su cabeza, alcanzó la iluminación y la terapia Reiki. Probó consigo mismo y con sus familiares, logrando efectos inmediatos. El maestro, al juzgar que era mejor enseñar esta terapia a la gente y compartir la alegría con ellos, se mudó al barrio de Aoyama Harajuku de Tokio en abril de 1922 y fundó la Escuela para enseñar públicamente la terapia Reiki, al mismo tiempo de aplicarla a los que lo desearan. La gente hacía una larga fila para aprender o ser tratada.

En septiembre de 1923, los incendios provocados por el Gran Terremoto de Kanto produjeron un gran número de heridos. El maestro Usui profundamente preocupado, se dedicó a atenderlos, recorriendo toda la ciudad. Una cantidad innumerable de heridos y enfermos fueron salvados, por las actividades de salvataje desarrolladas por el maestro en esa emergencia.

Nuevamente se mudó a un "dojo" nuevo construido en el barrio de Nakano en febrero de 1925, dado que el viejo "dojo" ya no podía alojar tanta cantidad de discípulos. A medida que su nombre adquirió fama, su presencia fue solicitada en el interior del país con mayor frecuencia. Viajaba a Hiroshima, Saga y otras prefecturas. Cuando viajó a la ciudad de Fukushima de la prefectura de Hiroshima, se enfermó y falleció a los 62 años de edad.

Su esposa se llamaba Sadako Suzuki. Tuvieron un hijo y una hija, el hijo de nombre Fuji.

El maestro tenía un temperamento apacible y reservado, se mostraba tal como era, sin disimular. Tenía una constitución física importante, y sonreía siempre. Cuando se empeñaba en algo, lo hacía con una voluntad clara, paciencia y previsión. Hombre de grandes talentos, amaba la lectura, y poseía un vasto conocimiento que abarcaba los campos de historia, medicina, budismo, cristianismo, psicología, artes paranormales, magia, adivinación y fisonomía. Resulta claro que sus estudios formaron la base de sus prácticas ascéticas y éstas a su vez eran claves para la creación del método Reiki.

La finalidad principal de Reiki no es curar las enfermedades, sino mantener sano el cuerpo y la mente, por medio de un don conferido por Dios, a fin de poder gozar de la felicidad de la vida. Por consiguiente, para enseñar Reiki, se debe aprender en primer término las enseñanzas que dejó el Emperador Meiji, que consisten en los cinco preceptos, los que se deben tener presentes constantemente. Los cinco preceptos son los siguientes: primero, no debes enojarte; segundo, no debes preocuparte; tercero, debes agradecer; cuarto, debes dedicarte a tu trabajo; quinto, sé gentil con los demás. Son los mismos conceptos que los que han tenido en cuenta los antiguos sabios, siendo de suma importancia para la cultivación de uno mismo. El maestro Usui los denomina "Preceptos para obtener la felicidad, elixir de todas las enfermedades", y los usa para definir claramente el objetivo de su enseñanza. Empleó el método de enseñanza lo más simple que le fue posible, para que fuera accesible para todos. La esencia de la enseñanza reside en sentarse en silencio, colocando las manos en la posición gassho, repitien-

35

do silenciosamente estos preceptos. Ello ayuda a cultivar la mente pura y sana, la que debe ser aplicada para la vida diaria. Esta es la razón por la cual el método de terapia Reiki se ha difundido con facilidad.

HIROSHI DOI Y LÁPIDA MEMORIAL DEL DR. USUI.

En estos últimos tiempos, se registran grandes cambios en la sociedad, induciendo modificaciones en los pensamientos de las personas. El maestro tenía la convicción de que la terapia Reiki contribuiría en gran medida a salvar a la gente de las confusiones en su moral, además de sanar las afecciones crónicas arraigadas y malos hábitos.

El número de los discípulos del maestro ha superado los dos mil. Los discípulos de altos rangos que residen en Tokio se reúnen en el "dojo" para entrenarse y los que se encuentran en el interior del país se dedican a su enseñanza y difusión. El maestro Usui ya no está con nosotros, pero la terapia Reiki ha de perdurar y ser transmitida de generación en generación. ¡Qué grandeza la del maestro haber percibido Reiki y haberlo compartido con los demás!

Un grupo de sus discípulos se han reunido y decidido a erigir una lápida cerca de su tumba en el templo de su familia para dar testimonio de sus virtudes y méritos y trasmitirlos a la posteridad. Se me ha concedido el honor de elaborar el epitafio, lo cual acepté con gusto, porque estoy profundamente impresionado por las hazañas del maestro y el respeto y cariño que sus discípulos le guardan. Espero sinceramente que las generaciones venideras recuerden al maestro cuando lean este epitafio con admiración y respeto.

Febrero de 1927.

> Texto elaborado por: Masayuki Okada, Doctor en Letras, condecorado con la Tercer Orden al Mérito.
> Caligrafía por: Juzaburo Ushida: Contralmirante, condecorado con la Tercer Orden al Mérito.

◊ **BÚSQUEDA DE LA MISIÓN DE VIDA Y LA ILUMINACIÓN EN EL MONTE KURAMA.**

El maestro Usui en su juventud viajó a China, Europa y varios otros países, para profundizar sus estudios y ampliar sus visiones.

Trabajó en varias profesiones tales como empleado público, empleado de una firma privada, empresario, periodista y secretario de un político. Se desempeñó como predicador e instructor de los internados de una institución penitenciaria.

A medida que se contactaba con los aspectos internos y externos de la sociedad mediante las diferentes experiencias, se llegó a plantear la proposición fundamental sobre "¿cuál es el objetivo de la vida?".

Luego de constantes esfuerzos de varios años, llegó a la conclusión de que "El objetivo final de la vida es 'Anshin ritsumei' o sea, lograr la paz e iluminación espiritual". Según el diccionario la palabra "Anshin ritsumei" se define como "apaciguar la mente conociendo la orden de Dios y liberarse de las preocupaciones". La orden de Dios es "el destino que no puede ser modificado por el hombre". Por lo tanto, el concepto básico del maestro significa lo siguiente: "El hombre debe hacer los máximos esfuerzos por alcanzar su meta y dejar a Dios todo lo que no puede ser modificado por el hombre, dejando de preocuparse por ello y manteniendo la paz espiritual". Este concepto es denominado la "Primera Iluminación".

La iluminación que significa alcanzar la verdad y el goce eterno, tiene varias etapas. La primera iluminación consiste en la iluminación intelectual mediante la consciencia propia. Se trata de un reconocimiento por lógica y significa "comprendido por la cabeza pero no comprendido realmente". La verdadera iluminación consiste en el reconocimiento instintivo por el Yo Superior, que es completar el proceso de integración con la verdad.

El maestro Usui inició su camino en el budismo Zen, en una búsqueda de la verdadera iluminación para alcanzar el estado de "Anshin ritsumei", llevando a cabo una práctica ascética de tres años. Sin embargo no alcanzó la iluminación al finalizar su práctica Zen, por lo cual, luego de meditar profundamente, consultó con su maestro Zen, acerca de cómo se podía llegar a la verdadera iluminación.

El maestro inmediatamente le respondió: "Prueba morir una vez". El maestro Usui, al obtener esa respuesta que no le ayudaba en nada por parte de su maestro en quien había confiado, decidió que él mismo probaría la última oportunidad, aunque le costara su vida. Inició el claustro con ayuno en el monte Kurama situado en las afueras de Kioto, en marzo de 1922. Al cabo de tres semanas, en la medianoche, sintió un intenso impacto en el centro de su cerebro, y perdió el conocimiento.

Luego de unas horas recobró la consciencia. Era el amanecer. El maestro experimentó un despertar totalmente diferente de lo que había conocido, con su cuerpo y mente repletos de energía. Cuando sintió el fuerte impacto en su cerebro, la energía Reiki del universo lo había traspasado y había resonado la energía cósmica con la energía interna propia del maestro. En ese momento había alcanzado la completa integración con el universo, llegando a la iluminación tan anhelosamente perseguida.

Cuando descendía del monte, lleno de alegría y vigor, se tropezó con una roca y se lastimó un dedo del pie. Al colocarse la mano de manera instintiva, el dolor se fue en un instante y la herida quedó curada. A partir de entonces, se dedicó a sanar y salvar a una gran cantidad de personas. Luego de largos estudios y creaciones, finalmente estableció el método para transmitir esa misma capacidad a un sinnúmero de personas.

El maestro era de por sí una persona totalmente desinteresada, con una mente abierta y cándida. Luego de haber alcanzado la iluminación en el monte Kurama, era capaz de entrar en el estado de perfecto "selflessness" (renunciamiento a uno mismo) en cualquier momento y en cualquier lugar.

En abril de 1922, fundó la "Asociación de la Terapia Reiki de Usui" (Usui Reiki Ryoho Gakkai), creando la doctrina de Reiki y un sistema de su enseñanza y supervisión, destinada a salvar a los que padecían enfermedades físicas y mentales, a la vez de transmitir la capacidad sanadora a todos los aspirantes. No se contentó con la adquisición de la capacidad para curar solamente, sino que les exigía que mejoraran su propio estado físico y mental y que mantuvieran la salud propia y ajena. Son los pasos necesarios para cumplir con el objetivo fundamental de la terapia Reiki del método Usui, que es contribuir a la paz, prosperidad y felicidad del hogar, de la sociedad, del estado y del mundo.

◊ TRANSMISIÓN DE LA TRADICIÓN EN JAPÓN.

En aquel entonces el maestro Usui alcanzó la fama a nivel nacional, y fue alabado como "Padre de la restauración de la terapia de imposición". Las personas salvadas por los tratamientos del maestro y de sus discípulos son incalculables. Se dice que fueron varios cientos de miles o varios millones. Existe un registro que muestra un número mayor de dos mil discípulos quienes habían sido iniciados por el maestro. Sin embargo, los discípulos que habían podido completar las etapas Okuden y Maestría o Shinpiden fueron muy pocos. Hasta el presente fueron identificadas solamente tres personas, que son: Contralmirante Juzaburo Ushida, Contralmirante Kanichi Taketomi y Capitán Chujiro Hayashi. Los tres pertenecían a la Armada, y los dos contraalmirantes fueron la fuerza motriz para la difusión de Reiki dentro de dicha fuerza.

El maestro Hayashi (1879-1940) recibió la enseñanza de maestría de parte del maestro Usui y se convirtió en terapeuta de Reiki luego de retirarse de la Armada. Sucedió la voluntad del maestro Usui al abrir en 1925 el sanatorio de Reiki en el barrio de Shinano de Tokio, donde desarrolló sus actividades terapéuticas hasta la guerra. Dado que el maestro Usui falleció el año siguiente, el maestro Hayashi debió haber sido el último discípulo que recibiera del maestro Usui la enseñanza de Maestría. En dicho sanatorio, había ocho camas, y cada paciente era atendido por dos terapeutas. Se dice que el sanatorio tenía gran éxito, con dieciséis terapeutas trabajando constantemente.

◊ DIFUSIÓN MUNDIAL E INTERNACIONALIZACIÓN.

Entre los pacientes atendidos por el maestro Hayashi en dicho sanatorio, había una señora de nombre Hawayo Takata (1900-1980), quien recuperó su salud en forma milagrosa. Era hija de japoneses radicados en Hawaii y ya era viuda cuando le diagnosticaron una enfermedad muy grave y le informaron que no viviría por mucho tiempo más, se decidió a viajar a la patria de sus padres con sus dos hijas pequeñas en 1935. En Japón le recomendaron el sanatorio del maestro Hayashi, donde fue atendida con la terapia Reiki. Se restableció al cabo de dos meses de tratamiento, y recuperó por completo su salud luego de ocho meses. La señora Takata, fuertemente emocionada y agradecida, trabajó en el sanatorio como discípula del maestro Hayashi durante un año, antes de regresar a Hawaii junto con sus hijas. El maestro Hayashi le confirió la enseñanza de la etapa de Maestría, en la ocasión de su viaje a Hawaii y posteriormente ella fundó la Clínica Reiki. Al principio se dedicó a la curación exclusivamente, realizando la transmisión de energía sólo en contadas oportunidades. A partir de dos o tres años antes de su fallecimiento, realizó Sintonizaciones y formó a veintidós maestros antes de morir a los ochenta años de edad. Esos maestros fueron los que difundieron Reiki a nivel mundial, y al cabo de un poco más de un decenio, el número de las personas que recibieron la energía y la aplicaron superó los tres millones.

La maestra Takata falleció en diciembre de 1980. Un año después se reunieron en Hawaii diecisiete de los maestros formados por ella para pasar juntos una semana.

En ese mismo año (1981), la nieta de la maestra llamada Phyllis Furumoto fundó la Alianza Reiki (Reiki Alliance), sucediendo a su abuela, de la que numerosos maestros participaron. Una antropóloga llamada Barbara Ray con un concepto diferente de la maestra Furumoto, fundó en 1982 la Asociación Americana Internacional de Reiki (American International Reiki Association), que en el presente es denominada Radiance Technique. De esta manera, el Reiki de la maestra Takata se dividió en dos escuelas. En los Estados Unidos actualmente existen varias entidades de Reiki además de estas dos asociaciones principales.

Reiki fue difundido también en Canadá, Reino Unido, Australia, Alemania, Singapur, India y otros países. Especialmente en la India se estableció una escuela llamada "Osho Reiki", que fue creado por el grupo Osho (Bhagwan Rajneesh) quien había adoptado la técnica del grupo de la maestra Furumoto. Últimamente se está propagando en Taiwán y Corea, a través de Japón.

En Japón fue re-importado mediante varias corrientes de Reiki desde la segunda mitad de la década del 80, iniciándose un rápido proceso de difusión.

De cualquier manera, es un hecho indiscutible que las tres personas a las que se les atribuye la amplia difusión a nivel mundial de Reiki son el maestro Mikao Usui, el maestro Chujiro Hayashi y la maestra Hawayo Takata. Sería suficiente tener estos datos fundamentales, aunque existe una gran cantidad de leyendas, mitos y episodios creados en torno a estos tres maestros. Sobre todo, el episodio de la iluminación del maestro Usui ocurrido en el monte Kurama es tratado en algunos libros como si fuera la escena de una película.

◊ REINTRODUCCIÓN DEL MÉTODO REIKI EN JAPÓN.

En Japón hasta hace algunos años, Reiki no era conocido, en tanto que en Occidente, se ha propagado aceleradamente a partir de la década del 80, en combinación con el movimiento New Age. En la segunda mitad de la misma década, fue reintroducido a Japón como una nueva técnica de sanación.

La primera maestra de nacionalidad japonesa fue la maestra Mieko Mitsui, periodista que vivía en Nueva York, quien tradujo al japonés el libro titulado "The Reiki Factor" escrito por la maestra Ray y publicado en los Estados Unidos. Dicho libro define Reiki como "una técnica científica que atrapa la luz que es el origen de la vida (energía vital) y la aplica". Cuando la maestra Mitsui organizó seminarios en varias ciudades en Japón, concurrieron numerosas personas, presentando un fenómeno que podría calificarse como un "boom". La maestra Mitsui desempeño un papel importante, al causar el redescubrimiento y reconocimiento de Reiki para los japoneses.

Los seminarios de la maestra tuvieron un gran éxito, donde la gente se informó que sólo por recibir la Sintonización se adquiere la capacidad sanadora, no hace falta un duro entrenamiento ni esfuerzos, ni tampoco concentración, no se pierde una vez recibida la Sintonización, cada vez que se usa se refuerza la potencia, es efectivo para los que no lo creen, el "Ki" fluye en la justa cantidad con solo colocar la mano, etc., aunque algunos no creyeron en tantas bondades de Reiki.

◊ **Mis experiencias de aprendizaje de Reiki.**

Yo fui uno de los alumnos que recibieron la Sintonización de la maestra Mitsui. Siempre me había interesado en los temas del mundo espiritual, la energía cósmica, Bahsharl, Shirley McClain, Sai Baba y otros, y luego mi interés se orientó hacia los diferentes métodos de curación. Había aprendido más de treinta técnicas terapéuticas tales como: método respiratorio de Nishino, Curación de Shinmeikan, Shin Chi Kung SAS, Genkyoku Chi Kung, Curación por Cristales, Método curativo Kihodo, Chi-Kung Hipnótico, Osteopatía, Método de Equilibrio Energético, Curación Astral, Método Silva SMC, Método de Vibración Natural, Método de Animación Seiki, Método Doki, Terapia de Equilibrio, Trabajos con manos de Múltiples Dimensiones y otros.

El encuentro con la maestra Mitsui ocurrió cuando yo estaba tratando de integrar las técnicas aprendidas y establecer una técnica propia de sanación.

Antes de comenzar el seminario, había tenido varias dudas; sin embargo, luego de haber completado los Niveles 1 y 2, tuve la certeza de que sentía mayor potencia, se habían eliminado los malestares, veía las cosas positivamente, y que percibía en mi vida diaria un fenómeno llamado "armonización". Lo ocurrido hizo que intuyera que en Reiki se encuentra fusionado todo lo aprendido. **Percibí que Reiki tiene una potencia extraordinaria, que no necesi-**

ta ninguna argucia de la inteligencia humana y que Reiki armoniza e integra todo.

Por lo tanto quise seguir el camino de perfeccionamiento de Reiki; sin embargo, en aquel entonces la maestra Mitsui sólo concedía a los alumnos hasta el Nivel 2, no respondiendo a los requerimientos de aquellos que deseaban continuar hacia los niveles superiores.

Tampoco existía en Japón nadie que pudiera realizar la Sintonización de niveles superiores. La maestra Mitsui me informó que en los Estados Unidos se organizaban los seminarios de Reiki de niveles superiores, pero que para ello se requería cierto conocimiento del idioma ingles. Ella estudiaría la posibilidad de invitar un maestro americano, siempre y cuando se pudiera reunir suficiente cantidad de alumnos, aunque ese plan nunca llegó a realizarse.

A principios de 1993, el maestro alemán llamado Frank Arjava Petter visitó Japón, acompañado por su esposa, para radicarse en la ciudad de Sapporo y organizar una serie de seminarios titulados "Know-how del Básico de Reiki hasta la Capacitación de los Maestros". A partir de entonces, el número de los maestros de Reiki Occidental se incrementó rápidamente, y se estima que la cantidad de los alumnos formados por ellos alcanza los treinta mil.

◊ **COMBINACIÓN DEL REIKI OCCIDENTAL CON LA TERAPIA TRADICIONAL DE REIKI.**

Al enterarme que no podía seguir avanzando en niveles de Reiki, pensé seriamente en la posibilidad de viajar a los Estados Unidos. Al mismo tiempo se me ocurrió la idea de buscar a algún discípulo del maestro Usui, por lo que me dediqué a recabar información. Al cabo de un tiempo descubrí el hecho de que una maestra de ochenta y seis años de edad cuyo nombre era Kimiko Koyama presidía un organismo denominado Academia de Terapia Reiki de Usui, fundada por el mismo maestro Usui, transmitiendo fielmente la tradición del fundador, en calidad de la sexta presidente. Al inscribirme en la Academia, por medio de alguien que me recomendara, y recibir la enseñanza de la maestra Koyama, me sorprendió la diferencia que existe entre el Reiki Occidental y el Reiki Tradicional, a pesar del mismo origen que los dos poseen.

Luego de haber recibido la instrucción de las dos maestras Mitsui y Koyama, y haber iniciado la práctica, se produjo mi encuentro con un tercer maestro. Había en aquel entonces un maestro llamado Alpan, alumno del maestro hindú Bhagwan, quien proponía "Neo Reiki" en Tokio, en el que se integraban el Reiki Occidental y Oriental. Mi tercer maestro fue de nombre Manaso, quien había sido discípulo del maestro Bhagwan, junto con el maestro Alpan y que dictaba cursos de "Neo Reiki" con meditación, así como organizaba las excursiones de "Aprender Reiki nadando con delfines". En la escuela del maestro Manaso cursé de nuevo todos los niveles de Reiki y al comprender de manera integral esta disciplina, pude reconocer su excelencia nuevamente. Mi intuición inicial de que todo lo que había aprendido estaba comprendido y armonizado en Reiki, fue acertada.

A partir de entonces, empezaron a aparecer en mi camino de manera espontánea documentos relativos a la técnica Reiki Tradicional y a la vida del maestro Usui, así como información relacionada a Reiki Occidental. Al estudiar dichos documentos, se resolvían gradualmente algunas dudas que albergaba. En aquella época un hecho importante me indicó que tenía una misión que cumplir: el Gran Terremoto de Hanshin. Viviendo en la cercanía del epicentro, y en medio del desastre que convirtió la ciudad de Kobe en escombros, sufrí tan sólo leves daños.

Sobre la base de las enseñanzas de los tres maestros, procuré integrar el Reiki Tradicional y el Reiki Occidental, llevando a cabo una revisión del concepto. Concretamente se trata de rever los dos estilos de Reiki, desde el punto de vista de "técnica terapéutica del cuerpo y mente" y "técnica de elevación espiritual". He logrado reconstruirlo como "Método de Reiki Moderno" con el fin de transmitir y difundir correctamente los aspectos cuya efectividad había sido comprobada, evitando una mistificación y eliminando interpretaciones erróneas, dejando como "no aclarado" los puntos que no habían podido ser explicados. Asimismo, he tratado de simplificar las técnicas al máximo, dentro del alcance en que se pueden garantizar los efectos, de manera tal que pueda ser aplicado en la vida diaria.

Aunque he desarrollado este sistema para practicar y aplicar yo mismo, tuve la oportunidad de dar seminario a dos terapeutas (Sr. Makoto Furukawa y Sr. Tsujimi), y a partir de entonces numerosas personas que se dedican a la curación empezaron a asistir a mis seminarios.

Afortunadamente el sistema fue apoyado por ellos, y algunos de mis discípulos organizaron la "Asociación de Curación por Reiki Moderno".

A medida que pasó el tiempo, llegué a conocer a varias personas quienes, no satisfechas con el Reiki Occidental, intentaban volver al espíritu del maestro Usui, así como también aquellos que trataban de unificar el Reiki Occidental y Oriental, contribuyendo a su difusión.

La escuela denominada "Neo Reiki" también es una unión de los estilos de Reiki. Existe un grupo de personas que intentan practicar el pensamiento del maestro Chujiro Hayashi, quien estableció el punto de origen del Reiki Occidental. Si bien la persona que difundió Reiki al Occidente fue la maestra Hawayo Takata, el Reiki transmitido a ella por el maestro Hayashi habría sido evolucionado a su propio estilo, siendo modernizado sobre la base de su vista global como un ex-oficial naval. En los certificados emitidos por el maestro Hayashi figura el nombre de "Instituto Reiki de Hayashi".

No se trata de cuál es superior o inferior, sino está librado a la opción de cada alumno que concurre a los seminarios. De cualquier modo, estoy seguro que se seguirán realizando varios intentos de unificar y armonizar el Oriente y el Occidente en Reiki.

◊ **Perspectiva actual y futura de Reiki.**

El Reiki Occidental cuya raíz es el método terapéutico de Usui, se ha desarrollado en el exterior y retornó a su origen luego de su crecimiento. Tiene aspectos racionales. En cambio el Reiki Tradicional contiene la base de la consciencia de elevación espiritual y se transmite la metodología de la auto-práctica para mejorar su capacidad.

A medida que van aclarándose estos hechos, se logrará la mejor comprensión de que "la Sintonización no es más que el comienzo, y que la capacidad real debe ser desarrollada y elevada por los esfuerzos de cada uno", en lugar de la idea fácil de que "la capacidad es desarrollada por la Sintonización".

Estoy organizando mensualmente "Encuentros de Reiki Moderno" en la ciudad de Ashiya, para ofrecer un lugar de reunión de todas las personas interesadas en Reiki, independientemente del sistema o escuela donde lo han aprendido. Tengo la esperanza de que este tipo de reuniones y grupos sean cada vez más numerosos en el futuro.

Podría prever los siguientes cinco puntos, en cuanto a la perspectiva de evolución de Reiki en Japón:

1   Avanzará la fusión de los métodos Reiki oriental y occidental y su sistematización.
2   Se darán menos casos en que se organizan solamente los seminarios sin seguimiento posterior, y aumentarán las reuniones periódicas lideradas por los maestros.
3   Se promocionará el intercambio entre las entidades y entre los maestros de Reiki, así como su agrupación.
4   Se fundarán mayor número de clínicas donde se practique la terapia Reiki.
5   Habrá una mayor cantidad de personas que serán "verdaderos practicantes de la energía Reiki" que desarrollarán la capacidad terapéutica al mismo tiempo de elevarse espiritualmente, guiadas por la energía de amor en su vida diaria.

4.   <Nivel 1> Bases de la curación Reiki.

◊   CONOCIMIENTO PREVIO DE LA CURACIÓN REIKI.

1   Reiki es simple y a la vez profundo.

En el <Nivel 1> se aprende a desarrollar la potencia de las manos para mejorar la salud de uno mismo y la de los demás. Reiki equilibra y otorga mayor fluidez a la circulación de la energía en todo el cuerpo, mediante la relajación, eliminando el estrés. De esta manera es altamente efectivo para la salud y la estética corporal, incluida la dieta, refrescándose tanto el cuerpo como la mente, lo cual es la clave de mantenerse joven.

2   Reiki eleva la capacidad de auto-curación, corrigiendo el desequilibrio psicofísico.

Reiki no se opone a la medicina, ni la sustituye. La medicina cura lo físico, en tanto Reiki activa la energía vital y aumenta la capacidad de auto-curación o la inmunidad para sanar el cuerpo y la mente. Reforzar la vitalidad y recuperar el equilibrio psicofísico nunca podría estar en contra de la medicina. Son dos herramientas que tenemos para combatir y erradicar las enfermedades.

3   Reiki no puede ser practicado como tratamiento médico.

La ley prohíbe que las personas que no sean médicos realicen diagnósticos o prácticas médicas. Tampoco se puede describir Reiki usando expresiones que pueden ser confundidas con otros actos terapéuticos tales como acupuntura, moxibustión y masaje, para los cuales se requiere obtener determinados títulos oficiales. Reiki nunca podría causar ningún problema, ya que lo único que se hace es colocar las manos, sin ejercer fuerza ni usar medicamentos. De cualquier manera, se debe tener el máximo cuidado para que la sesión de Reiki no sea confundida con actos médicos. Tampoco se debe manifestar que no hace falta consultar al médico o tomar el medicamento recetado.

4   La técnica Reiki es compatible con otras técnicas.

Reiki es efectivo por si sólo, pero también es compatible con las demás técnicas, porque la energía de amor no es excluyente, sino que se integra y se fusiona con todo, para producir un efecto sinergético. Si el que practica tiene alguna fe religiosa, Reiki no la contradice ni se opone a la misma, sino que se armoniza con su esencia y la elevará aún más.

5   Cuánto más se practica mayor potencia se adquiere.

Reiki no debe ser tomado como algo difícil. Debe ser practicado en la vida cotidiana. Cuando la curación Reiki se encuentra integrada a la vida diaria y puede ser aplicada en cualquier escena, el practicante ha adquirido un tesoro.

6   Cuanto más prolongado sea el tiempo de aplicación, se logra un mejor resultado.

Dado que Reiki no es un tratamiento sintomático, sino que afecta la raíz de la enfermedad para sanarla, por lo que requiere cierto tiempo para que surta el efecto completo. Sin embargo, aunque se aplique sólo por un minuto, se logra el efecto. Un toque momentáneo o una mirada de un experto, puede originar una luz de curación. El único caso que se debe dejar de practicar es cuando el paciente no lo desee.

7   Reiki podría producir una reacción especial en el paciente, el reikista o en ambos en algunas ocasiones.

Puede que durante la sesión aumente la temperatura de las manos, se sienta un escozor, o sienta que la energía circula por el cuerpo. Puede también que los músculos se muevan involuntariamente o algunos órganos hagan ruidos. No se deben preocupar por ello; se deben colocar las manos en la parte en la que se ha producido ese fenómeno, hasta que dicha sensación se extinga, para luego seguir hacia otras partes. En algunas ocasiones estas sensaciones podrían producirse luego de haber transcurrido cierto tiempo, una vez finalizada la sesión. Se trata de un proceso de cambio que continúa aún después, por haber sido reactivada la función de todo el cuerpo. Debe ser disfrutado. Si no se produce ninguno de esos fenómenos, tampoco hay que preocuparse, ya que Reiki circula igualmente. Cuando la percepción esté desarrollada, cualquier persona podrá experimentar estos fenómenos, los que han sido verificados mediante fotos Kirlian y por medio de equipos electrónicos.

8   Reiki es un sistema de auto-regulación de energía.

El transmisor se convierte en canal de Reiki, cuyo caudal se regula automáticamente, de acuerdo con la necesidad del paciente. Si falta se agrega, y si sobra se elimina; el nivel de la energía necesaria se selecciona de manera automática. Se presentaría algún problema si el reikista tratara de controlarlo conscientemente.

9   Cuando comienza la sesión, tanto el reikista como el paciente quedan envueltos por la ducha Reiki.

Cuando el transmisor coloca las palmas de las manos conectadas con Reiki, se conecta la energía y comienza la curación, iniciándose el flujo de la energía necesaria. Al mismo tiempo, la energía Reiki cae como una ducha sobre los dos, envolviéndolos con luz y sanando a ambos simultáneamente. La clave está en relajarse y percibir el amor cósmico, no impidiendo el flujo de Reiki.

◊   **BASES DEL USO DE LAS MANOS.**

Se extienden las manos, con los dedos juntos, salvo el dedo gordo que puede estar separado. Si los dedos están separados, la energía pude dispersarse. En caso que se desee disminuir la intensidad de la energía, se deben separar los dedos. Las manos no deben ejercer ninguna presión sobre el cuerpo del paciente, sino que se debe estar en contacto con éste último manteniendo un "toque de pluma".

1   Métodos de ambas manos.

Normalmente se recibe con la mano izquierda y se trasmite con la mano derecha; sin embargo, no es importante y no es necesario tenerlo presente. Lo importante es usar las dos manos en forma plana. Reiki se carga desde la parte tocada del cuerpo con la mano. Aunque resulta igualmente efectivo colocar la mano sin contacto con el cuerpo, se recomienda producir el tacto, ya que la temperatura de la mano tranquiliza al paciente.

Cuando se necesita transmitir la energía en una región amplia, se colocan las dos manos en forma paralela, en tanto que en caso de transmitir energía más intensa, se debe colocar la palma de una mano contra el dorso de la otra mano.

2   Método de una sola mano.

Puede resultar más cómodo usar una sola mano, dependiendo de la región a curar. En tal caso, se recomienda colocar cualquiera de las dos manos que permita tomar una postura más cómoda. Para algunas partes, es más efectivo tocarlas con la punta de la mano. Para los órganos pares tales como pulmón, riñón y los oídos, conviene usar las dos manos.

◊ CÓMO REALIZAR UNA SESIÓN INDIVIDUAL. PRÁCTICA TERAPÉUTICA.

1   Es preferible establecer un medio ambiente donde el paciente pueda relajarse, en una habitación limpia, iluminada y tranquila, con buena ventilación. En caso de no ser posible, se debe purificar la energía del sitio. Se recomienda no preocuparse excesivamente, en caso de no se pueda lograr un ambiente ideal. Conviene tener preparada una toalla de baño o una frazada, por si el paciente siente frío al relajarse. Se puede preparar una música sanadora, según la necesidad.

2   Se deben lavar las manos antes y después de la sesión. Se deben mantener limpias las manos, teniendo en cuenta que se produce contacto con el cuerpo del paciente. Es efectivo lavarse las manos a fin de eliminar la energía de bajo nivel. Luego del lavado, se frotan las manos, para calentarlas.

3   Se deben quitar el reloj de pulsera, tanto el reikista como el paciente, dado que la energía emitida puede adelantar o atrasarlo. El reikista se debe quitar las cosas que pueden molestar el contacto con el paciente, salvo los anteojos. El paciente se debe descalzar, quitarse el cinturón, la corbata, el corpiño y todas otras prendas que aprietan el cuerpo, así como los anteojos y otros accesorios innecesarios, salvo los anillos y aros que pueden ser cargados con energía positiva.

4   El paciente debe acostarse o sentarse, tomando una postura cómoda, que le permita relajarse. No se recomienda cruzar ni los brazos ni las piernas. Se debe tratar de que todo el cuerpo quede relajado.

5   Cuando no es posible tocar el cuerpo del paciente, se deben colocar las manos sin que produzcan contacto. En caso de quemaduras o afecciones dermatológicas que impiden el

contacto directo, se recomienda colocar las manos a una distancia de 3 a 5 centímetros. Asimismo, se pueden colocar las manos por encima de la vestimenta o frazada, ya que produce el mismo efecto. En caso que el reikista y paciente sean del sexo opuesto, en las partes que no les resulta cómodo el contacto directo, el paciente se coloca su propia mano allí y luego el reikista coloca su mano para transmitir la energía. En caso de colocarse las manos en la cara del paciente, se puede poner un pañuelo o pañuelo de papel sobre la piel, y por encima de ellos, colocar las manos.

6   Se debe explicar previamente sobre los posibles cambios que puedan ser experimentados. En algunos casos, se puede registrar un aparente empeoramiento de los síntomas, una vez finalizada la sesión. Puede experimentarse fiebre, aumento de secreciones o reacciones dermatológicas. No se debe preocupar, ya que se trata de un proceso de reacción desfavorable transitoria antes de la mejoría. Es preferible que el paciente tenga esta información previamente.

7   El proceso de la curación Reiki.

(1)   Activar la energía propia, mediante la técnica de la ducha Reiki (Ver la página 133.)

(2)   Hacer que el paciente tome una postura cómoda para relajarse.

(3)   Realizar la purificación del aura.

(4)   Colocar las manos en cada una de las doce posiciones básicas de curación, manteniéndolas en cada una de ellas durante cinco minutos. Cuando en un nivel más avanzado y con la percepción de los sentidos de las manos altamente desarrollada, se podrá percibir como una vibración en los puntos desequilibrados. En tal caso, se procede de la manera tradicional enseñada por el maestro Usui.

(5)   Colocarse las manos donde se registran los síntomas, según la necesidad.

(6)   Se purifica el aura, una vez finalizada la sesión.

◊ **MÉTODO DE PURIFICACIÓN DEL AURA.**

1 Es indispensable realizar la purificación del aura antes y después de la sesión.

2 La purificación del aura antes de la sesión elimina la energía excesiva, ordena el aura y recupera el equilibrio de la energía. Cuando el reikista tiene la percepción desarrollada, podrá percibir los puntos de desequilibrio de energía.
   (1) El paciente puede estar acostado, sentado, siempre que tenga una postura que le permita relajarse.
   (2) El practicante, una vez conectado con Reiki con las dos manos levantadas, se las coloca a unos diez centímetros de distancia del cuerpo del paciente, moviéndolas suavemente como si lo acariciara, en la dirección desde la cabeza hacia los pies, o bien en sentido transversal de derecha a izquierda. Puede usarse una sola mano o ambas manos. El aura se ordena, guiada por la energía emanada de las palmas de las manos, y la energía excesiva estancada se elimina rápidamente.

3 La purificación del aura luego de la sesión es sumamente importante. Ya que la energía del todo el cuerpo está purificada, con un flujo activado, el paciente se encuentra receptivo a cualquier tipo de ondulaciones, se debe condicionarlo de tal manera de no recibir las ondulaciones superfluas. Se debe proceder del mismo modo que antes de la sesión, guiando el flujo del "Ki" suavemente. Una vez finalizado este proceso, se deja descansar al paciente por unos cinco minutos. En caso de que el paciente esté acostado, se purifica el aura de las partes frontales primero, y luego de unos minutos de descanso, completa la purificación de la parte trasera, una vez que el paciente se levante.

4 La purificación del aura puede ser practicada con uno mismo. Sin embargo, no es necesario realizarla cuando se practica la técnica de ducha Reiki o la curación por auto-purificación.

◊ **DOCE POSICIONES BÁSICAS DE CURACIÓN.**

1 Se deben colocar las manos en los doce puntos, distribuidos de la siguiente manera: El cuerpo se divide en tres regiones: Cabeza, Tronco Delantero y Tronco Trasero, y para cada región existen cuatro posiciones, habiendo en total doce posiciones.

2 Cada una de estas posiciones tiene un número de 1 a 4, y se lo pospone a la sigla que corresponde a cada región, tales como C: cabeza, D: tronco delantero y T: tronco trasero. Los efectos que se logran por la imposición en cada posición se resumen del siguiente modo:

3 Cabeza (C): Se transmite la energía al cerebro, que es el eje del cuerpo humano, produce los efectos Reiki en los ojos, la nariz, la tiroides, para producir relajación y paz, aumentando la capacidad de curación espontánea.

(1) C-1 (Región frontal de la cara): Eliminan dolores de los ojos, la nariz, las muelas, y el maxilar inferior, aumenta la concentración y equilibrio, elimina el estrés y eleva la espiritualidad.

(2) C-2 (Laterales de la cara): Equilibra la glándula pituitaria y la glándula pineal, regula la secreción de las hormonas cerebrales, elimina la cefalea, recupera el equilibrio entre los hemisferios derecho e izquierdo del cerebro, elimina el estrés, aumenta la memoria, extiende el nivel de consciencia y la capacidad instintiva.

(3) C-3 (Occipucio): Parte inferior del cráneo, espina dorsal, cerebelo, lóbulo posterior del cerebro. Aumento de la capacidad lingüística, visión y sentido de colores. Regula el peso corporal. Relaja. Eleva la capacidad creativa, libera los miedos y aumenta el campo visual y la visión interna.

(4) C-4 (Garganta): Incentiva la circulación sanguínea, activa el flujo de la linfa, la tiroides y el metabolismo.

Regula la presión arterial. Aumenta la auto-confianza, calma, estabiliza, sensación de bienestar y felicidad. Eleva la capacidad creativa y de comunicación.

4   Tronco delantero (D): Se transmite la energía a cada órgano incluyendo la vejiga y los órganos sexuales, a través del timo, que es el centro del sistema inmunológico, ubicado en la parte inferior de la garganta, a fin de regular su equilibrio.

   (1)   D-1 (Parte superior del timo): Incentiva las funciones cardíacas, pulmonares y del timo, así como la circulación sanguínea, eleva las defensas contra las enfermedades, la auto confianza y el equilibrio emocional, elimina el estrés, aumenta la capacidad receptiva, amor, sensación de bienestar, estabilidad, y armonía.

   (2)   D-2 (Región epigástrica): Hígado, estómago, vesícula biliar, bazo, funciones digestivas. Elimina los temores, inquietudes y el estrés, ayuda a la relajación y aumenta la calma, el equilibrio, y la sintonización con la energía de altas dimensiones.

   (3)   D-3 (Región hipogástrica): Hígado, páncreas, vesícula biliar, bazo, intestino grueso y el plexo solar. Disminuye el estrés y elimina las inquietudes y temores. Aumenta la auto-confianza, receptividad y da una sensación de vigor.

   (4)   D-4 (Bajo vientre): Intestino grueso, intestino delgado, vejiga, ovarios, útero, órganos reproductores, próstata. Elimina el desequilibrio por causas sexuales, temores y tensiones. Eleva el nivel de consciencia.

5   Tronco trasero (T): Se transmite la energía desde los hombros, hacia la parte central de la espalda, descendiendo a lo largo de la espinal dorsal hasta llegar a los riñones, glándulas suprarrenales y la próstata.

   (1)   T-1 (Lado lateral de los omóplatos): Ídem a D-1, además de eliminar los desequilibrios originados en el cuello, los músculos trapecios, vértebras torácicas,

vértebras lumbares, espinal dorsal y tejidos nerviosos; ayuda a la relajación.

(2) T-2 (Región superior de la espalda): Ídem a D-2, además de eliminar los desequilibrios originados en las vértebras torácicas, espinal dorsal y tejidos nerviosos; libera las sobre tensiones.

(3) T-3 (Región lumbar): Ídem a D-3, además de eliminar los desequilibrios originados en los riñones, glándulas suprarrenales, vértebras lumbares, espinal dorsal y tejidos nerviosos; produce un mejoramiento interior.

(4) T-4 (Región sacro): Ídem a D-4, elimina los desequilibrios originados en la estructura ósea de la parte inferior del cuerpo tales como el sacro, cóccix, pubis y otros, así como de los tejidos nerviosos.

6 De esta manera, es posible trabajar para la recuperación del equilibrio integral psicofísico que incluye el cerebro (sistema nervioso), sistema glandular, respiratorio, circulatorio, digestivo, urológico, sensorial, y reproductivo, así como los músculos y la estructura ósea.

Doce posiciones básicas (1) Cabeza

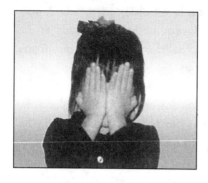

(C-1 Parte frontal de la cara)

(C-2 Laterales de la cara)

(C-3 Occipucio)

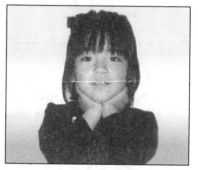

(C-4 Garganta)

(Variante de C-2)

(Variante de C-4)

(Adaptación de C)

Doce posiciones básicas (2) Tronco delantero

(D-1 Parte superior del timo)

(D-2 Región epigástrica)

(D-3 Región hipogástrica)

(D-4 Bajo vientre)

(Adaptación de Tronco delantero 1)

(Adaptación de Tronco delantero 2)

Doce posiciones básicas (3) Tronco trasero

(T-1 Lado lateral de los omóplatos)

(T-2 Región superior de la espalda)

(T-3 Región lumbar)

(T-4 Región Sacro)

(Variante 1 de T-2)

(Variante 2 de T-2)

(Variante de Tronco trasero)

◊   **Autotratamiento Reiki.**

1   El autotratamiento se realiza, colocando las manos en las posiciones básicas sucesivamente. Para las posiciones difíciles de alcanzar, como por ejemplo las de la espalda, se recomienda colocar las manos hasta donde pueda alcanzar, imaginando que las manos están colocadas en las posiciones correctas. De esta manera la energía Reiki fluye hacia donde está concentrado el pensamiento. Se produce el contacto inmediato con Reiki, con solo dirigir la concentración hacia ese lugar o colocar las manos, porque la Sintonización se ha establecido de esa manera.

2   La regla básica determina que los que han cursado el ‹Nivel 1›, deben mantener las manos en cada posición durante cinco minutos, en total sesenta minutos en doce posiciones. Se ha establecido así, por haber sido comprobado empíricamente que en ese lapso de tiempo se logran los mejores efectos. Se recomienda que cada uno desarrolle su propio modo, ya que el tiempo puede variar de acuerdo al grado de habilidad adquirida. De todos modos, para los que acaban de recibir la Sintonización, se recomienda proceder según la regla básica.

3   Una vez finalizada la transmisión de Reiki en las posiciones básicas, se colocan las manos en las partes donde se registran síntomas. En caso de poca disponibilidad de tiempo, se envía la energía a la cabeza primero, y luego a las partes en cuestión. No hay una regla en cuanto a la duración. Normalmente se termina la sesión cuando se haya logrado cierto grado de efectos, mediante una percepción de cura o mejoría.

4   No se debe pensar que Reiki es difícil. Al contrario, es posible su practica en cualquier momento y en cualquier lugar. Si no hay suficiente tiempo, puede acortar el tiempo hasta uno o dos minutos por posición. Se logran los efectos correspondientes. Si bien es preferible colocar las manos en las doce posiciones sucesivamente, también se puede realizar la sesión dividiéndola en varias veces. La práctica diaria contribu-

ye a mejorar los desequilibrios psicofísicos, liberar las tensiones innecesarias y elevar la consciencia.

◊ TRATAMIENTO REIKI PARA LOS DEMÁS.
1   Las doce posiciones básicas han sido desarrolladas para el autotratamiento. Sin embargo, en la actualidad se las adoptan para la curación de los demás. Se deben colocar las manos en cada posición durante cinco minutos, de la misma manera que en el autotratamiento.
2   Cuando se desea curar específicamente una parte, se realiza Reiki primero en la cabeza y luego en la parte afectada, ya que el centro de la capacidad de curación espontánea se encuentra en el cerebro.

◊ TRATAMIENTO REIKI PARA ANIMALES Y PLANTAS.
1   Reiki para los animales.

En caso de perros, gatos, vacas, caballos y otros animales, se comienza con la frente, luego la cabeza y el tronco. Si no se quedan quietos o no se puede acercar, se colocan las manos a distancia. En el caso de las aves, se las sostiene con ambas manos suavemente. Al tomarle la cabeza o cuello en la mano, normalmente se quedan quietas, con aspecto placentero. También puede colocar las manos por fuera de la jaula. En caso de carpas, peces de colores y otros peces, se realiza Reiki desde afuera del estanque o de la pileta. Es bueno desarrollar el hábito de aplicarles Reiki antes de alimentar a los animales.

2   Reiki para las plantas.

En el caso de los árboles, se aplica Reiki tocando directamente las hojas, el tronco o las raíces. Para las flores, se procede de la misma manera que en la purificación del aura, colocando las manos en ambos lados del tallo o las raíces. Se recomienda dar agua y fertilizantes luego de aplicar Reiki. También es efectivo dar Reiki a las semillas de las plantas o de las verduras antes de la siembra, a fin de darles mayor energía vital.

El señor Tsujimi, dueño de una clínica de acupuntura en la ciudad de Izumisano de la prefectura de Osaka, pudo recuperar milagrosamente una planta casi muerta, mediante la sesión de Reiki practicada todos los días a la mañana y a la noche. Dicha planta, llamada "árbol de la felicidad", le había sido regalada por amigos en ocasión de la inauguración de su clínica y luego se marchitó por exceso de agua. En el invierno nuevamente la planta se secó por la escarcha. El señor Tsujimi la dejó tal como estaba durante el invierno. En la primavera se le ocurrió aplicarle Reiki, logrando revivirla de nuevo. Los pacientes que lo visitan quedan maravillados de su tercera vida.

◊ **Método de purificación e inyección de energía.**
1 Purificación de energía negativa.

Es un método para eliminar la energía negativa de las partes enfermas y las vibraciones desequilibradas adheridas a los objetos, con el objeto de purificarlos e inyectarles energía positiva.

En primer lugar se extiende la mano con los dedos juntos y se la mueve como si practicara un golpe horizontal con el canto de la mano, a unos cinco centímetros del objeto, para cortar la energía negativa por medio de la energía Reiki que emana de la palma de la mano, deteniéndola de golpe cuando la mano haya pasado por completo el objeto. Al repetir este proceso tres veces, en la mayoría de los casos la vibración negativa se convierte en positiva. Si como acto seguido aplica Reiki, resulta altamente efectivo. De ese modo se llevan a cabo la purificación e inyección de energía al mismo tiempo. En el momento del corte de energía negativa, se debe concentrar la consciencia en la región epigástrica y retener la respiración.

2   Reiki para los cristales y otros amuletos.
(1)   Se colocan sobre una de las palmas de la mano, alhajas, objetos preciosos y amuletos, cortando la energía en sentido horizontal con la otra mano vigorosamente. Se repite tres veces.
(2)   Se coloca la misma mano arriba del objeto y se aplica energía Reiki.
(3)   Se repite el proceso (1), cortando con vigor la energía tres veces.

(4) En caso que el objeto sea de gran tamaño, se puede establecer algún punto específico para realizar este proceso, o bien se puede imaginar que el objeto ha sido dividido en pequeños fragmentos y colocado sobre la mano.

3   Purificación de energía de una habitación o un lugar.

(1) Se extiende una mano hacia una de las direcciones, cortar la energía negativa orientándose hacia los cuatros rincones y cuatro lados, empezando de derecha a izquierda, y luego se envía Reiki con ambas manos.

(2) Seguidamente se repite el mismo proceso hacia el cielorraso y el piso.

(3) Cuando no es necesario cortar la energía negativa, se orientan las palmas de las manos hacia los cuatros rincones y cuatro lados empezando de derecha a izquierda y luego hacia el cielorraso y el piso. Una vez finalizado este proceso, se envía Reiki con ambas manos o con una sola mano.

4   Reiki para alimentos y bebidas.

Se puede aplicar energía Reiki a los ingredientes antes de cocinarlos, o bien se puede aplicar energía a los alimentos antes de consumirlos. En ambos casos se colocan las palmas de las manos a poca distancia del objeto o tocando el envase para aplicar la energía.

◊   **MARATÓN REIKI: CURACIÓN MÚLTIPLE Y CONTINUA.**

1   Existen dos métodos: uno es la curación realizada a un paciente por varias personas a la vez, y el otro es la curación por varias personas durante un tiempo prolongado, de manera alternada. Se han informado varios casos en que las personas con enfermedades difíciles y graves, o que no pueden ser combatidas efectivamente por la medicina moderna se salvaron por estos métodos. Lo maravilloso de la maratón Reiki, especialmente el método de la curación simultánea por varias personas, es la elevación a la segunda potencia de

la cantidad de los participantes. Es decir que si son dos los que practican Reiki, se cuadruplican los efectos, y si son cinco, se multiplican por veinticinco.

2   En este caso, colocaremos las manos en las posiciones básicas señaladas anteriormente y en las partes enfermas, principalmente donde se registran los síntomas.

3   En el caso que haya tantos practicantes que no todos puedan colocar las manos en el paciente, los que no lo puedan hacer, pueden colocarlas en los hombros o en la espalda, de los que sí tienen sus manos sobre el cuerpo, a fin de enviar la energía Reiki en forma indirecta. Este método también surte efectos.

◊   **CÍRCULO REIKI: CIRCULACIÓN DE LA ENERGÍA REIKI.**

1   Entre varias personas se forma un círculo, tomándose de las manos. Cada uno coloca la mano izquierda con la palma hacia arriba y la mano derecha con la palma hacia abajo, de tal modo que las palmas queden sobrepuestas.

De este modo, todos reciben la energía Reiki en la mano izquierda y la envían desde la mano derecha. La energía Reiki avanza a la velocidad de la luz a través de las manos. Hay personas que manifiestan que perciben mejor la energía si se colocan las manos sin contacto entre ellas manteniendo una pequeña distancia.

2   Aún las personas que no han recibido la Sintonización pueden participar en este círculo y pueden percibir la energía Reiki. Aún cuando no la sientan, igualmente contribuyen al flujo de la energía. Esto puede ser practicado aún entre dos personas, colocándose una frente a la otra.

3   La otra forma de hacer circular la energía consiste en que cada uno envuelva suavemente con la palma de la mano el dedo medio de la persona situada a su izquierda y de tal modo que la yema de su pulgar toque ligeramente el extremo del mismo.

4   En caso de practicarlo sólo, se coloca la mano izquierda con la palma hacia abajo y la mano derecha con la palma hacia

arriba, frente a su cuerpo y se alejan los pensamientos para percibir la energía. Es posible alcanzar un estado de profunda meditación por medio de este método.

◊ **OTRAS APLICACIONES DE REIKI.**
1. Se puede aplicar Reiki a cualquier objeto, ya sea la cama, la ropa, el automóvil. Se debe aplicar con la intención de purificar y armonizar estos objetos con la energía Reiki emanada de las palmas de las manos.
2. Se puede hacer Reiki en cualquier situación de la vida diaria, como: cuando quiere poner dinero o la tarjeta de crédito en su billetera, cuando sube al automóvil, cuando toma un medicamento o suplemento nutricional, cuando bebe un café o jugo de naranja, cuando come, cuando se pone un perfume.
3. Se puede hacer Reiki en un instante. Lo importante es hacerlo sin darle demasiada importancia.
4. La señora Noriko Fujimoto, dueña de un centro de recuperación de salud, que vive en la ciudad de Osaka estaba practicando una terapia en la que hace circular la energía mediante una barra de oro, pero ahora en lugar de la barra de oro usa la punta de los dedos con los mismos efectos.
   El señor Makoto Furukawa, de la ciudad de Kouchi Nagano de la prefectura de Osaka, quien administra una clínica de acupuntura, asevera que aunque no tenga Reiki en mente, su terapia de acupuntura se ha convertido en la terapia Reiki.

◊ **APLICACIONES DE REIKI \<NIVEL 1\>.**
1. Los que han recibido la Sintonización, ya tienen un canal Reiki abierto, siendo posible curar tanto a uno mismo como a los demás. Sin embargo, es un nivel primario y se debe tratar de aumentar su energía paulatina y constantemente.
2. Lo más importante en ese nivel no es aumentar la potencia de la energía, sino limpiar el canal para que el mismo esté totalmente abierto para recibir la energía, evitando obstaculizar el flujo de la misma.
3. Para ello, se debe establecer un período de depuración de uno

mismo, que consta de veintiún días, en el que se dedica al autotratamiento por medio de las doce posiciones básicas, el mismo período de práctica ascética que el maestro Usui realizó en el monte Kurama. Lo ideal es practicar Reiki en todo el cuerpo; sin embargo, en caso de no tener tiempo, puede hacerlo sobre la cabeza y en las partes donde existan síntomas. Se recomienda practicarlo aunque sea unos minutos por día durante veintiún días. También puede practicarlo con los demás. Es recomendable tomar mayor cantidad de agua, ya que la constitución física puede sufrir algunos cambios graduales.

4   En esta etapa, lo que se puede hacer es lo siguiente:

(1) Tratar a personas, animales y plantas, purificación de los alimentos, accesorios personales y lugares. Por ejemplo, es muy efectivo purificar el vaso de agua servida en una confitería, mediante la energía Reiki emanada de las manos, para convertirlo en agua que de mayor vitalidad al cuerpo. Para ello, es indispensable leer nuevamente el manual y consultar al maestro sobre lo que no entiende o lo que no recuerda.

(2) Práctica diaria de la "Técnica para auto-purificación y auto-crecimiento". Resulta altamente eficaz para mantener la limpieza psicofísica.

5. <Nivel 2> Curación que trasciende el tiempo y espacio.

◊   USO DE LOS SÍMBOLOS Y LOS "KOTODAMA".

En Reiki se emplea un proceso místico de símbolos y "Kotodama", a fin de poder aplicar la energía universal. Se denomina "curación simbolizada" la curación por medio de los símbolos. En este nivel, se aprende a usar tres clases de símbolos.

Asimismo, se aprende el "Kotodama" que corresponde a cada símbolo. En Reiki tradicional los símbolos son denominados "Ho". En algunas escuelas se usan solamente los símbolos, excluyendo el "Kotodama". En Reiki Occidental, los "Kotodama" son llamados mantras. En nuestra escuela de Reiki Moderno, usamos la expresión "Kotodama".

◊ ¿QUÉ SON LOS SÍMBOLOS? ¿QUÉ SON LOS "KOTODAMA"?

Los símbolos deben entenderse como "una antena para sintonizar con la energía universal". Se dice que los determinados dibujos emanan energía, o bien logran la resonancia con la vibración universal. Los símbolos cósmicos son aquellos dibujos que se conectan con la energía universal, tales como la pirámide y la estrella de David.

"Kotodama" es el sonido sagrado como el mantra, que se puede interpretar como la vibración resonante con la energía universal. El sonido sagrado "A-um", el sonido del corno de tritón y del batido de las palmas son resonantes con la vibración cósmica.

Aunque los símbolos y el "Kotodama" son diferentes, los dos usados simultáneamente, logran un efecto sinergético para conectarse con celeridad y seguridad con la vibración de alta dimensión. Una vez aprendido bien el uso de Reiki, cualquiera de los dos puede bastar para lograr los efectos esperados. Los símbolos pueden ser dibujados no sólo con las manos, sino también con los ojos o con la lengua, o bien visualizarlos. Hay una técnica para visualizar los símbolos en negro, sobre el fondo de color púrpura.

◊ ACERCA DE LOS TRES SÍMBOLOS.

El Primer Símbolo (S-1) llamado Símbolo de Potenciación, posee una gran potencia y puede ser aplicado para varios propósitos. Puede ser usado sólo o bien en combinación con los otros símbolos para ampliar su potencia.

El Segundo Símbolo (S-2) llamado Símbolo de Armonía, es sutil y armónico. Tiene una potencia moderada y puede ser destruido al estar solo, por lo que se usa siempre en combinación con el Primer Símbolo.

El Tercer Símbolo (S-3) llamado Símbolo que trasciende el tiempo y el espacio, funciona más allá del tiempo y del espacio. Es más efectivo cuando se lo usa combinando con el Primer y Segundo Símbolo.

◊ **EL SÍMBOLO DE POTENCIACIÓN (S-1) Y SU USO.**
1 Significado del Primer Símbolo.
   (1) Es el símbolo que "aprehende objetos que tienen formas y concentra la energía potente de manera localizada y enfocada".
   (2) Este símbolo se relaciona con el globo terráqueo. En el cuerpo humano están grabados el ritmo y la voluntad de la tierra, los que influencian al cuerpo constantemente. Por ejemplo, el ritmo de las olas del mar es de dieciocho veces por minuto, al igual que la respiración humana. La fisiología humana tiene un ritmo que es de los múltiplos de dieciocho, tales como la temperatura corporal de treinta y seis grados (doble de dieciocho), pulso de setenta y dos (doble de treinta y ocho) y la presión arterial máxima de ciento cuarenta y cuatro (doble de setenta y dos), manteniendo un equilibrio en resonancia con el ritmo de la tierra.
   (3) Cuando se pierde este equilibrio, o cuando el ritmo no coincide con el de la tierra, el ser humano se enferma o sufre desdichas. El Primer Símbolo activa la energía consciente de la tierra, recupera el ritmo y el equilibrio de toda la existencia sobre la tierra, induce su curación radical, y la carga de energía universal para que recobre las funciones originales.

Lo que simboliza	Efectos en la persona	Características	Funciones del Símbolo
1. Globo terráqueo.	Reactiva el cuerpo.	Conexión instantánea con la energía cósmica.	Enfoca la energía en toda la materia sobre la tierra, la carga con energía y la reactiva.
1. Tierra. (suelo)	Reactiva el chakra 1 y 2.	Controla el destino.	Despierta y recupera las funciones originales de toda la materia.
3. Fuerza.		Creatividad.	
4. Potenciación.		Potencia a los demás símbolos.	
5. Lo visible.		Tiene orientación.	

2. Usos del Primer Símbolo.
   (1) Se dibuja en el aire (o en el sitio necesario) el Primer Símbolo, se repite el Primer "Kotodama" tres veces, se colocan las manos en el sitio con o sin contacto y se aplica la energía Reiki.
   (2) El "Kotodama" se repite en voz baja, de manera audible sólo para uno mismo. Sin embargo, para hacer Reiki a los demás o cuando se encuentran otras personas cerca, se recomienda repetirlo en la mente. En esa ocasión se debe imaginar que el eco del "Kotodama" resuena en todo el cuerpo y hace vibrar el fondo del corazón. Luego se siente la energía universal que resuena y vibra con el "Kotodama". A medida que se practica disfrutando, se va adquiriendo cada vez mayor energía.
   (3) Puede ser usado mientras se mantienen las manos en los puntos necesarios durante el autotratamiento o tratamiento a los demás.
3. Ejemplos de uso:
   - Purificación de la energía del lugar o del entorno.
   - Purificación de alimentos.
   - Cuando llega a casa regresando del hospital o de un funeral.
   - Para desear seguridad en el tránsito.
   - Cuando introduce dinero en la billetera.
   - Para las tarjetas de crédito, tarjetas telefónicas y otras.
   - Para cheques y letras de cambios.
   - Cuando se desea cambiar la condición meteorológica.
   - Para su propia defensa: se hace Reiki enviando el símbolo en los cuatro costados, o bien se envía el símbolo a los cuatro costados girando el cuerpo hacia izquierda.
   - Para mejorar las relaciones humanas.
   - Para deseos propios, no egoístas.
   - Para recuperar los objetos olvidados o perdidos.

- Cuando no se acuerda de algo importante: se envía el símbolo a su cabeza.
- Para la compraventa de inmuebles y otras transacciones comerciales.
- Antes de comenzar las actividades comerciales: distritos y direcciones.
- Para los regalos de fin de año y tarjetas personales.
- Purificación de habitaciones y edificios: se envía el símbolo a cada rincón y se aplica Reiki.

◊ **EL SÍMBOLO DE ARMONÍA (S-2) Y SU USO.**
1 Significado del Segundo Símbolo.
   (1) Este es un símbolo para "irradiar la energía de equilibrio y armonía, enfocándose en los objetos que no tienen formas, como las emociones".
   (2) El Segundo Símbolo está relacionado con la luna. El cuerpo humano es influenciado enormemente por la luna. Todos sabemos que la marea alta y baja se produce por la gravitación de la luna. La influencia de la luna afecta todo el globo terráqueo. Asimismo, el líquido que constituye el 70% del cuerpo humano (flujo corporal) y que tiene la misma composición que el agua del mar, se mueve bajo la influencia de la luna, y las olas emocionales se elevan y descienden. La menstruación femenina se modifica también por el efecto de la luna. Estos fenómenos se repiten de acuerdo con el ritmo determinado por la ley natural, y produce un mundo de equilibrio y armonía.
   (3) Cuando se armoniza con el flujo de la luna y se sincroniza con su ritmo, las emociones bloqueadas comienzan a liberarse y se elimina el estrés. Este símbolo acciona sobre la energía consciente de la luna, recupera el equilibrio psicológico y emocional, eleva la sensibilidad y receptividad, produciendo una profunda sanación.

Lo que simboliza	Efectos en la persona	Características	Funciones del Símbolo
1. Luna.	Actúa sobre las emociones y las armoniza.	Equilibra la energía psicológica y emocional.	Recupera el equilibrio y armonía emocional.
2. Agua.	Reactiva el chakra 3 y 4.	Posibilita el crecimiento interno.	Mejora el carácter basado sobre el ego y lo orienta hacia el verdadero "yo" conferido por el universo.
3. Sombra.		Realización de deseos.	Símbolo elaborado de una letra sánscrita que significa la liberación de todo sufrimiento y salvación.
4. Emociones.		4. Es frágil.	
5. Cuerpos etéreos.			

1   Lo invisible.

2   Usos del Segundo Símbolo.
       (1)   Básicamente son iguales a los del Primer Símbolo. Se dibuja en el aire (o en el sitio necesario) el Segundo Símbolo, se repite el Segundo "Kotodama" tres veces, se colocan las manos en el sitio con o sin contacto y se aplica Reiki.
       (2)   Es necesario agregar el Primer Símbolo seguido del Segundo Símbolo.

3   Ejemplos de uso.
- Se aplica en las partes tensas del cuerpo. Es especialmente efectivo para los dolores psicosomáticos, tensiones musculares, fatiga, neurosis y estrés.
- Para calmar las agitaciones emocionales, eliminar la ira y la tristeza, para destruir el bloqueo emocional y para cambiar el estado anímico.
- Para brindar armonía y paz en las relaciones humanas tales como reuniones, negociaciones y entrevistas, así como en los lugares, entornos y situaciones.
- Para aprender a perdonarse a uno mismo y a los demás.

- Para liberarse de las viejas emociones que son fijaciones.
- Para lograr la guía cósmica para mejorar el carácter actual, recuperando el carácter original, así como para erradicar malos hábitos y cambiar la manera de pensar.
- Cuando se desea usarlo para su propio crecimiento, se aplica Reiki, colocándose las manos en ambos lados de la cabeza, ya sea delantero y trasero o derecha e izquierda.
- Cuando se desea usarlo para el logro de metas, se coloca la mano derecha en la parte delantera de la cabeza (frente) y la mano izquierda en la parte trasera.

◊ El Símbolo que trasciende el tiempo y el espacio (S-3) y su uso.

1 Significado del Tercer Símbolo.

(1) Es un símbolo "tipo máquina de tiempo que enfoca en el centro del problema superando el tiempo y el espacio".

(2) El Tercer Símbolo se relaciona con el Sol. Todo ser viviente recibe la gracia del sol. El sol rige las cuatro estaciones, día y noche, luz y sombra. Si no fuera por el sol, no podría sobrevivir ni el ser humano ni el globo terráqueo. El sol es exactamente el origen de nuestra existencia.

(3) El Tercer Símbolo acciona sobre la energía consciente del sol y supera todo el objeto. No se trata de evasión, sino de reconocimiento, aceptación y sanación. Su poder acciona al centro de todo objeto superando la barrera de tiempo y de espacio, produciendo la superación y transformación. Este símbolo se usa principalmente para la curación a distancia, purificación de los karmas y traumas del pasado, así como para la creación de un futuro promisorio.

(4) El Tercer Símbolo significa "Yo me uno con Dios". Yo, he interpretado mediante el "Kotodama" que "El origen de todo se encuentra en la correcta consciencia".

La correcta consciencia significa el eco (la unión) del macrocosmos y microcosmos (hombre). Por lo tanto, las dos interpretaciones coinciden.

Lo que simboliza	Efectos en la persona	Características	Funciones del Símbolo
1. Sol.	Acciona sobre el espíritu y confiere calma y paz.	Curación a distancia superando el tiempo y el espacio.	Conecta la consciencia con lugares distantes, pasado y futuro, superando el tiempo y espacio, eliminando la distorsión.
2. Fuego.	Reactiva los chakras 5 y 6.	Eliminación del karma y traumas.	Purifica y elimina el karma y cura los traumas.
3. Luz.		Contacto con todo tipo de objetos y situaciones.	Conecta con el centro, produciendo trascendencia y transformación.
4. Positivo.		Combinación con otros símbolos.	
5. Cuerpo astral.			
6. Espíritu.			
7. Superación.			

2. Usos del Tercer Símbolo.

    (1) Se dibuja en el aire (o cerca del sitio necesario) el Tercer Símbolo, se repite el Tercer "Kotodama" tres veces, se colocan las manos en el sitio con o sin contacto y se aplica Reiki.

    (2) Cuando el objeto a curar a distancia es pura materia, se envía primero el Tercer Símbolo y luego el Primer Símbolo. Si el objeto contiene algún elemento emocional, después del Tercer Símbolo, se envía el Segundo y luego el Primer Símbolo, y después se envía Reiki. Se puede enviar a todos los objetos los tres símbolos en el siguiente orden: Tercero, Segundo y Primero.

3. Ejemplos de uso.

    - El Tercer Símbolo puede ser usado para cualquier objeto y en cualquier situación para hacer la curación

más allá del tiempo y del espacio. Este símbolo acciona con mayor profundidad que el Segundo Símbolo en los aspectos emocionales y espirituales. Se recomienda aplicarlo en varias ocasiones.
- Los que han aprendido Chi-Kung y otros trabajos con energía, pueden enviar otras energías que no sean de Reiki, utilizando el Tercer Símbolo.
- Si se desea mejorar la constitución física, se envía luz a los genes, enfocándose en el ADN de cada célula.
- No es necesario imaginar lugares lejanos aunque se trate de una sanación a distancia. Se puede aplicar de la siguiente manera:
(1) Enviar Reiki desde la planta baja a su hijo que está en la planta alta.
(2) Enviar Reiki desde la sala de estar a su esposo que está durmiendo en el dormitorio.
(3) Enviar Reiki al edificio, a la habitación o a las instalaciones donde se celebra algún evento.
(4) Puede imaginarse que uno mismo se encuentra en frente y aplicar Reiki a esa figura.
(5) Se escribe el nombre de uno mismo o el de los demás en un papel, o bien se coloca una foto enfrente de uno y se aplica Reiki.
- Es posible hacerse Reiki a uno mismo, enviándose el Tercer Símbolo. Para ello se eligen tres partes del cuerpo y se colocan las manos durante cinco minutos en cada parte, declarando, "cabeza", "tronco delantero" y "tronco trasero". Si se dispone de tiempo, se puede aplicar Reiki en las doce posiciones básicas.

◊ MÉTODO DE CURACIÓN A DISTANCIA.
Es una técnica para enviar energía Reiki a lugares distantes.
1 Uso de fotografías o pinturas.
(1) Se prepara una foto o un trozo de papel con el retrato y nombre del receptor.
(2) Se lo coloca arriba de una mesa y se repite el nombre tres veces.

(3) Se envía el Tercer Símbolo, seguido del Segundo y Primero según la necesidad, al entrecejo del receptor.
(4) Se aplica Reiki desde la cabeza hacia los pies y se purifica el aura.
(5) Si en el paso (3), luego de enviar los símbolos, se aplica Reiki a uno mismo en las doce posiciones básicas, o bien a tres posiciones por medio de su propio cuerpo, se transmite la energía automáticamente al receptor.

2   Uso de la imagen de tamaño natural.
(1) Se imagina que se encuentra frente a uno mismo un cuerpo de energía del tamaño natural del receptor.
(2) Se envía al entrecejo del receptor el Tercer Símbolo, seguido del Segundo y Primero según la necesidad.
(3) Se hace Reiki y se purifica el aura.

3   Uso de la imagen de tamaño reducido.
(1) Se colocan ambas manos enfrentándolas a cierta distancia entre ellas, sosteniendo el cuerpo del receptor, imaginado en tamaño reducido, y se le aplica Reiki en todo el cuerpo. Se puede imaginar una parte de su cuerpo según la necesidad. En este caso las manos pueden ser colocadas paralelamente o verticalmente.

◊   **CURACIÓN DEL PASADO.**

Se trata de una técnica para sanar el trauma psicológico o emocional y limpiar el karma, remontando al pasado.

1   Eliminación del karma y trauma.

Si uno tiene la sensación de haber lastimado a alguien inconscientemente y cada vez que lo recuerda, siente culpa y dolor, es un karma. Si uno mismo ha sido lastimado por alguna causa y le sigue doliendo el hecho, a pesar de haber sido curado físicamente, ese fenómeno se llama trauma. Para tratar estos dolores y problemas psicológicos, se aplica Reiki con símbolos.

(1) Se enfoca la consciencia en el problema pendiente: situación, persona, lugar, etc. y se envían al aire los símbolos en el siguiente orden: Tercero, Segundo y Primero.

(2) Se escribe en un trozo de papel el nombre de uno mismo y de la persona involucrada. Se coloca la mano arriba del papel, se aplica Reiki repitiendo tres veces el nombre de esa persona y tres veces el de uno mismo. Se debe tratar de recordar con el mayor detalle posible la situación que originó el trauma, creando su imagen en la mente.

(3) Haciendo Reiki, se siente que la vibración de alta dimensión envuelve las almas de la otra persona y de uno mismo, vibrando al unísono. Se sienten las dos almas idénticas a nivel cósmico y totalmente armonizadas.

(4) Para finalizar, se purifica el aura del papel, se colocan las manos en posición Gassho, se elevan a la existencia de alta dimensión la alegría y agradecimiento por haber perdonado y haber sido perdonado.

(5) En caso que se trate de una existencia que no sea persona, se dibuja en el papel su imagen creada por uno mismo al respecto. Si se trata de algo que no puede ser representado por una imagen, se imagina la ocasión o el lugar, y se aplica Reiki a esa imagen.

2 Re-experimentación de la alegría del pasado.

Las experiencias de alegría y de éxito, o de alguna victoria lograda luego de arduos trabajos, nos emocionan cada vez que las recordamos. El volver a experimentar esas sensaciones gozosas estimula la secreción de las hormonas cerebrales, las que elevan nuestro ánimo. Si bien no es recomendable vivir inmerso en los recuerdos del pasado, es efectivo re-experimentar buenos recuerdos mediante el uso de los símbolos.

(1) Repetir tres veces el contenido del recuerdo gozoso, por ejemplo, el hecho de haber salido primero en una maratón.

(2) Cerrar los ojos y recordar esa situación con el mayor detalle posible, y recrear en la mente esa imagen.

(3) Enviar hacia esa imagen los símbolos en el siguiente

orden: Tercero, Segundo y Primero. Se puede hacer con una sola mano o con ambas, como si sostuviera la imagen entre ellas.

(4) Para finalizar, purificar el aura, colocar las manos en posición Gassho y agradecer a la existencia de alta dimensión.

◊ **CURACIÓN AL FUTURO.**

Es una técnica para enviar la luz de Reiki a la imagen y situación que se desea que se cumpla en el futuro.

1   Enviar luz y felicidad a uno mismo hacia el futuro.

En caso de tener un compromiso, evento o negocio importante, un certamen o competencia, a los que se desea concurrir en el mejor estado posible para tener éxito, se imagina ese estado óptimo en la mente y se envía luz y felicidad a esa imagen.

(1) En un trozo de papel se escribe el nombre, la hora y la fecha, el lugar del evento a concurrir, así como el estado en que se desea encontrar, y luego se repite la hora y la fecha tres veces.

(2) Se cierran los ojos y se imagina con el mayor detalle posible, esa situación futura deseable.

(3) Se dibujan sobre el papel los tres símbolos en el siguiente orden: Tercer, Segundo y Primero con los dedos.

(4) Para finalizar se purifica el aura, se colocan las manos en posición Gassho y se agradece a la existencia de alta dimensión.

2   Enviar luz y felicidad a los demás hacia el futuro.

Cuando se desea éxito y suerte en el viaje, examen, certamen y otros eventos importantes de un familiar, se crea un óptimo estado por imaginación y se le envía la luz y felicidad. Se sigue el mismo procedimiento que en el 1. También es posible recurrir a la imaginación sin usar el papel.

(1) Se repite tres veces el nombre del familiar receptor de la luz.

(2) Se cierran los ojos y se imagina con el mayor detalle posible la situación futura deseable.

(3) Se dibujan los símbolos, dirigiéndose a la situación o la persona imaginada.

(4) Para finalizar, se purifica el aura, se colocan las manos en posición Gassho y se agradece a la existencia de alta dimensión.

◊ MÉTODO DE LA CAJA REIKI: LOGRO SIMULTÁNEO DE VARIOS DESEOS.

1. Es una técnica que se usa cuando se desea que se cumplan varios deseos a la vez, por medio de una caja, no metálica.
2. En un trozo de papel representa tus deseos por medio de letras y dibujos. Se debe usar un papel para cada deseo. Pueden ser deseos para quienes se envía Reiki a distancia.
3. Se imagina que ya se han cumplido los deseos, dibujando los tres símbolos en el siguiente orden: Tercero, Segundo y Primero, en cada trozo de papel, y repitiendo los "Kotodama" tres veces. Luego se colocan los papeles en la caja, la que se debe guardar donde no esté a la vista.
4. A partir del día siguiente, diariamente se dibujan los tres símbolos en el mismo orden y se repiten los "Kotodama", enviando energía. Si se saca cada trozo de papel y le aplica Reiki, se logra un mayor efecto. Se deben evitar los deseos egoístas.

◊ MÉTODO DE DESPROGRAMACIÓN: ABANDONO DE MALOS HÁBITOS.

La desprogramación, también llamado "lavado de cerebro" o "descontrol mental", es una técnica para eliminar vicios y malos hábitos, accionando sobre la subsconciencia.

1. El reikista, luego de haber purificado al paciente, coloca una mano en la parte posterior del cráneo de éste último, y dibuja los tres símbolos en el siguiente orden: Tercero, Segundo y Primero con la otra mano, repitiendo los "Kotodama".
2. Se sostiene con ambas manos la frente y la parte posterior del cráneo del paciente, imaginando que la luz llega a todo el cuerpo del reikista y fluye al paciente, llenando a ambos.

3   El emisor repite en la mente tres veces la "afirmación", palabras positivas que representan el estado deseado por el paciente, y luego se purifica el aura.

◊   **APLICACIONES DE REIKI <NIVEL 2>.**
1   Por medio de la transmisión de la energía del <Nivel 2>, la energía Reiki transmitida se potencia doblemente, y mediante el uso de los tres símbolos se hace posible lograr lo siguiente:
   (1)   Curación y purificación a nivel físico y material.
   (2)   Curación y purificación a nivel espiritual y subconsciente.
   (3)   Curación y purificación a distancia, al pasado y al futuro.
2   En esta etapa se puede hacer lo siguiente:
   (1)   Probar varias aplicaciones de cada técnica con el uso de los símbolos. Sobre todo los tratamientos para uno mismo y para los demás se vuelven más fáciles de practicar, ya que el tiempo del envío de Reiki se acorta a dos minutos treinta segundos, en total doce posiciones en treinta minutos. El uso de los símbolos posibilita reducir aún más el tiempo para la curación.
   (2)   No se debe tratar de dominar todas las técnicas, sino que se debe seleccionar, dentro de todas las técnicas probadas, las que se desea usar y la que sea más apropiada para uno mismo, a fin de elaborar un arsenal de técnicas propias.
   (3)   Se debe tratar de simplificar las técnicas para aplicar Reiki de manera constante, para ser capaz de usar las técnicas con símbolos, mediante sólo los símbolos o los "Kotodama". Al avanzar en el grado de habilidad, se puede lograr realizar dichas técnicas, por ejemplo únicamente imaginándose el eco del "Kotodama" en la palma de la mano levantada.
   (4)   Se recomienda incorporar en la vida diaria las técnicas para la auto-purificación y auto-crecimiento, sugeridos para los que han finalizado el <Nivel 1>, y tratar de reforzar la capacidad perceptiva, la sensibilidad en las manos,

capacidad instintiva, desarrollo del tercer ojo y otros, en esta etapa de preparación para el ‹Nivel 3› que es el máximo nivel de Reiki, procurando elevar la consciencia.

6. ‹Nivel 3› Elevar la consciencia mediante la luz de la dimensión superior.

◊ APROVECHAMIENTO MÁXIMO DE LAS TÉCNICAS APRENDIDAS.

Es verdaderamente digno de ser felicitado el hecho de haber llegado al ‹Nivel 3›, que es el máximo nivel de Reiki. Este nivel fue llamado antiguamente la Etapa de Maestría, sumamente difícil de alcanzar.

Aún el maestro Usui que se dedicó a la difusión del Método de Terapia por Reiki mediante su transmisión abierta, difícilmente concedía dicho nivel a sus discípulos. Solamente tres discípulos recibieron dicho nivel.

La maestra Takata que difundió Reiki desde Hawaii mantuvo en reserva el ‹Nivel 3› durante casi cuarenta años, hasta su vejez.

En la actualidad el ‹Nivel 3› está accesible para cualquier persona. Interpreto que ello se debe a que la existencia de la alta dimensión hizo que entendiera que era necesario para elevar la consciencia de la gente. Es que el globo terráqueo se encuentra sumido en una crisis que peligra su subsistencia, si no se eleva el nivel de consciencia de sus habitantes. Aunque la puerta del ‹Nivel 3› está abierta, no todos los postulantes califican para seguirlo. Es indispensable que la persona reúna las condiciones necesarias, por lo cual los alumnos del ‹Nivel 3› son aquellos que han alcanzado una cierta etapa, a quienes la existencia de alta dimensión les ha encomendado una misión a cumplir.

La meta final del método Reiki es alcanzar este nivel y cada nivel es un paso para lograrlo. La clave del ‹Nivel 3› consiste en la aplicación del Cuarto Símbolo.

Dicho símbolo también denominado el "Símbolo Usui" o "Símbolo Maestro", es el símbolo máximo de Reiki.

Es conocido como el símbolo que se conecta con la consciencia de alta dimensión y trae luz. Su uso permite la unión con la consciencia de alta dimensión y por ende, su guía constante posibilita la elevación y expansión de la consciencia, el despertar espiritual, así como la mejora en la capacidad perceptiva e imaginativa. Ello induce al reconocimiento del "porqué existo", y a partir de este conocimiento sobre uno mismo, se puede saber claramente el papel que debe despeñar cada uno. El Cuarto Símbolo es la clave para la verdadera auto-realización.

◊ SÍMBOLO DE MAESTRÍA (S-4) Y SU USO.
1   Significado del Cuarto Símbolo.
    (1) Es el máximo símbolo de Reiki, que "se conecta con la consciencia de alta dimensión y trae luz a la consciencia del que lo usa".
    (2) Existen algunas escuelas que utilizan el Quinto Símbolo y otros símbolos; sin embargo, no son los originarios de Reiki. Hay casos en que a algunos se les confiere los símbolos por revelación, de acuerdo al nivel de su consciencia. Sin embargo, dichos símbolos deben ser tomados como una gracia para esa persona y utilizados como tal.
    (3) Este símbolo es utilizado como un símbolo sagrado y en algunas escuelas lo consideran como el que invita la existencia de Dios supremo. Se le agrega varios significados como el símbolo que lleva al despertar espiritual.
    (4) Al recibir la Sintonización de este símbolo, se adquiere la energía de alta dimensión capaz de realizar a los demás la Sintonización necesaria para los niveles 1, 2 y 3. Es por eso se lo llama "Símbolo de Maestría". Cabe aclarar sin embargo, que la metodología concreta de la Sintonización es aprendida en el ‹Nivel 4›. Además se deberá verificar si esa persona ha adquirido realmente la energía Reiki.
    (5) Nuestra alma se reencarna varias veces en la tierra y a través del aprendizaje necesario, se va trasladando a niveles superiores. Si no se completa el aprendizaje, se de-

be reencarnar para completarlo cuantas veces sea necesario. Dado que cada persona tiene un pasado diferente, el contenido del aprendizaje varía. Lo común es trascender la ignorancia y alcanzar la iluminación. Al alcanzar esta etapa, se trasciende el nivel de "hombre" para entrar en el nivel de paz, calma y la suprema felicidad, uniéndose su alma con el cosmos. Los pioneros que se dirigían hacia esta meta la alcanzaron luego de una estricta práctica ascética. El Cuarto Símbolo es una herramienta necesaria para superar el nivel de encarnación para alcanzar a este nivel denominado "iluminación".

(6) Hay gente que no cree en la encarnación ni en otras vidas. El Cuarto Símbolo también guía a esta gente para que tomen consciencia de su propia existencia y que vivan una vida más valiosa.

(7) El Cuarto Símbolo sigue guiando y apoyando a cualquier persona que lo desee, haciendo crear en su mente su propia imagen que ha alcanzado la meta, para que esa imaginación se convierta en realidad.

2   Uso del Cuarto Símbolo.

(1) Se dibuja en el aire (o en la parte necesaria) el Cuarto Símbolo, se repite el Cuarto "Kotodama" tres veces, se colocan las manos en el sitio con o sin contacto y se aplica Reiki.

(2) Si se envía el Cuarto Símbolo antes de usar los demás símbolos, se unen a éstos últimos la luz y la vibración de alta dimensión, originando su mayor armonía. En caso de combinar el Cuarto Símbolo con los otros símbolos, es necesario usar primero el Cuarto Símbolo, antes de los demás.

Por ejemplo, para purificar un anillo, se envía primero el Cuarto Símbolo y luego el Primer Símbolo. Cuando estando de viaje se desea purificar algún objeto que se encuentra en casa, luego del Cuarto Símbolo, se envía el Tercer Símbolo y después el Primer Símbolo. Si el objeto tiene alguna implicancia emocional o espiritual, se envía el Segundo Símbolo antes del Primero.

3   Ejemplos de uso.
- Se logra un mayor efecto de auto-purificación, meditación, método de respiración, o yoga, si antes de su práctica se aplica el Cuarto Símbolo. Al finalizar, se dibuja el Cuarto Símbolo para que perdure el efecto.
- Antes de la sesión de Reiki, se aplica el Cuarto Símbolo y el "Kotodama". Al finalizar, se vuelve a dibujar el Cuarto Símbolo y hace resonar el "Kotodama" en su interior.
- Se aplica este símbolo antes y después de la sesión de Chi-Kung, curación, trabajos con energía y trabajos con el cuerpo. También es efectivo aplicar este símbolo para quedar envuelto por la luz, antes de ejecutar un instrumento musical, escribir prosas y poesías, realizar negociaciones o tomar una decisión importante. Se recomienda proceder del mismo modo, una vez finalizada la acción.
- Es recomendable recurrir al Cuarto Símbolo y al "Kotodama", en cualquier momento y en cualquier lugar, cuando se tropieza con sucesos desagradables y emociones negativas, a fin de sentirse junto a la consciencia superior. Se debe purificar el hecho y no escaparse del mismo, aceptándolo agradecido como una experiencia necesaria para su crecimiento. Si se escapa del hecho, volverá a producirse un fenómeno similar.
- En caso de sentir que no puede solucionar un problema por si solo, a pesar de haber hecho todos los esfuerzos posibles, se envía el Cuarto Símbolo y el "Kotodama" encomendando la solución a la existencia de alta dimensión. Se obtendrá la respuesta correcta cuando sea necesaria.
- Cuando se enfrenta con una situación de emergencia grave, se envía este símbolo y el "Kotodama" a la alta dimensión. En caso de emergencia extrema, se puede enviar solo el símbolo o "Kotodama", que resulta igualmente efectivo.

- En una etapa más avanzada de aplicación, con cualquiera de las dos herramientas, el símbolo o el "Kotodama" se puede practicar todas las técnicas con símbolos. Es decir, con el uso del Cuarto Símbolo, o el "Kotodama" se puede suplir el uso de los otros tres símbolos. Cabe aclarar, sin embargo, que el resultado depende del grado de confianza de la persona que usa el símbolo, por lo que mientras haya alguna duda, es mejor usar todos los símbolos como establece la regla básica.

◊ RECIBIR LA GUÍA DE LA CONSCIENCIA SUPERIOR CONSTANTEMENTE.

Si se toma el hábito de empezar el día aplicándose el Cuarto Símbolo y el "Kotodama" y terminar el día procediendo de la misma manera, puede recibir la guía de la consciencia superior de modo constante durante todo el día.

1   Al levantarse a la mañana, se dibuja en el aire el Cuarto Símbolo y se repite el "Kotodama" tres veces. Se colocan las manos en posición Gassho y se afirma: "Obraré correctamente durante todo el día de hoy, guiado y sanado por la consciencia superior. Me elevaré y armonizaré constantemente en todos los aspectos". No es necesario repetir todas las palabras en forma exacta. Puede usar expresiones con las que se sienta identificado.

2   Al finalizar las actividades del día y antes de acostarse, se dibuja el Cuarto Símbolo y seguidamente se repite el "Kotodama". Colocando las manos en posición Gassho y percibiendo la luz y la vibración emanadas de la existencia de alta dimensión, se afirma: "Agradezco de todo corazón que la guía y la sanación de la consciencia superior me haya acompañado todo el día. Me elevaré y armonizaré constantemente en todos los aspectos".

3   Es recomendable emitir la bondad (buena vibración) que dice: "Que reine la paz en todo el universo. Que toda la humanidad goce de felicidad. Que la gente que conozco sea bendecida", siempre y cuando su mente esté dispuesta a aceptarlo. No se debe hacer de manera obligada.

◊ **CONECTARSE CON LA CONSCIENCIA SUPERIOR Y RECIBIR SU GUÍA.**

La primera técnica consiste en conectarse con la vibración de los antecesores que han alcanzado altas esferas, mediante el Cuarto Símbolo.

Por ejemplo, puede ser usada cuando se desea conectarse con las siguientes vibraciones:
- La misericordia de Buda.
- El amor de Jesucristo.
- La inteligencia de Einstein.
- La alta consciencia de Gandhi.
- La ternura de la Madre Teresa.

La segunda técnica consiste en conectarse con su propia consciencia superior.

De cualquier modo, no se debe practicar estas técnicas solo como una curiosidad, ya que ello no le conducirá a la elevación de su propia vibración.

1   Método de contacto con los antecesores.
  (1) Se aquieta la mente, tomando la postura Gassho, relajándose y siendo receptivo.
  (2) Se dibuja el Cuarto Símbolo en el aire, se extienden ambas manos hacia adelante y se repite tres veces el "Kotodama". Se podrá sentir entonces que se ha conectado con el macrocosmos, la energía original del universo.
  (3) Se cierran los ojos y se concentra en el objeto y tema con que desea conectar. Puede ser escrito previamente en un trozo de papel. En caso de no tener un tema específico y desear contactarse con la vibración y percibirla, se debe imaginar el objeto con los ojos cerrados.
  (4) Se pone en posición Gassho y se percibe que toda su existencia se va fundiendo dentro de la consciencia de la existencia de alta dimensión. En esa etapa puede percibir que su consciencia y la consciencia de la

existencia de alta dimensión se han integrado completamente, además de la consciencia del objeto con la que se desea contactar, uniéndose todo en una sola existencia dentro del universo.

(5) Cuando la vibración del precursor dentro de la consciencia de alta dimensión se conecta y sintoniza con uno mismo y lo envuelve, se debe transmitir el tema de interés al precursor. En caso de no tener un tema específico, se puede percibir la sensación. Se debe percibir simplemente, sin tener dudas o negar, independientemente de qué clase de sensación se ha logrado.

(6) La respuesta aparecerá o en el sueño o como una inspiración algún día. Puede aparecer en la conversación con alguien, o puede ser leído en algún libro. Si no se logra la respuesta, ello significa que el tema no le es importante o bien se debe esperar algún tiempo para obtener la respuesta.

(7) Se colocan las manos en posición Gassho, se agradece y se termina.

2 Método de contacto con el Yo Superior.

(1) Se aquieta la mente, tomando la postura Gassho, relajándose y siendo receptivo.

(2) Se dibuja el Cuarto Símbolo en el aire, se extienden ambas manos hacia adelante y se repite tres veces el "Kotodama". Se podrá sentir entonces que se ha conectado con el macrocosmos (la energía original del universo).

(3) Se cierran los ojos y se coloca la palma de la mano derecha, en caso del zurdo, la mano izquierda, sobre el corazón, arriba de la boca de estómago. Respirando lentamente, se repite mentalmente "Mi Yo superior" o "Mi alma" y trata de calmar la mente para poder captar una sutil sensación interna.

(4) Se quita la mano, vuelve a colocarla sobre el corazón, repitiendo el llamado y calma la mente para escuchar la voz interna.

(5) Luego de dicho proceso, se sienten diferentes sensaciones en la mano derecha e izquierda. Aunque no las sientas al principio, se logra hacerlo gradualmente. Esta reacción es diferente según cada persona. Algunos dicen manifestar que "Al colocarme la mano derecha, sentí un pequeño movimiento en el fondo de mi pecho", "Sentí una sensación de paz indescriptible" y "Sentí una sensación de calor suave". Las sensaciones son bienestar, tranquilidad, calor, vibraciones, calma y otros. Cuando se perciben estas sensaciones, se coloca de vuelta sobre el corazón la mano donde se registraron estas reacciones. Cuando se logran las sensaciones en ambas manos, se coloca la que tuvo una sensación más agradable. En caso de no ser percibida ninguna sensación, se coloca la mano derecha o izquierda para los zurdos.

(6) Se trata de calmar la mente para percibir el intercambio entre la palma de la mano y el Yo superior. La luz de alta dimensión que emana de la palma purifica todo lo que estaba impidiendo el brillo del Yo superior, pensamientos negativos, memorias, traumas, karma y otros.
Se respira espontáneamente, sin tenerlo en cuenta. Se concentra la atención en la mano colocada en el pecho, tratando de percibir la sensación interna. No se debe forzar. Se debe relajar y sentir los signos sutiles y casi imperceptibles, disfrutándolos. Si no siente nada, no hay que preocuparse. Más adelante podrá percibirlos.

(7) Se colocan las manos en posición Gassho, se agradece y se termina.

◊ PURIFICARSE POR LA LUZ Y ELEVARSE MEDIANTE LA MEDITACIÓN.

Como se habrá percatado, el ‹Nivel 3› no es una etapa de aprendizaje de las técnicas. En este nivel, mediante el uso de los máximos símbolos que conecta con la consciencia de alta dimensión y acarrea la luz, y guiado permanentemente por la existencia de alta dimensión, procura la elevación y expansión de la consciencia, el despertar espiritual, el mejoramiento de la capacidad perceptiva e imaginativa, llegando a darse cuenta de la razón del propio ser, y el rol que se debe desempeñar, a fin de alcanzar la verdadera realización de uno mismo.

1 Existen varios procesos hasta alcanzar la realización de uno mismo, que son los siguientes:
   (1) Verse a sí mismo y conocerse a sí mismo: auto-reconocimiento.
   (2) Aceptarse a uno mismo tal como es: auto-aceptación.
   (3) Ir uno mismo transformándose para ser lo que debe ser: auto-transformación.
   (4) Vivir con la misma vibración que el universo y realizar una vida creativa: auto-realización.

2 Dicho proceso debe ser cumplido en la vida diaria. Para ello se necesita solucionar los siguientes puntos:
   (1) Purificar y eliminar los traumas, y las impresiones negativas acumuladas en la subconsciencia, así como las vibraciones negativas producidas por los pensamientos y acciones del pasado.
   (2) Crear un modo de vida para evitar estas acumulaciones negativas.

Existen varios métodos efectivos para solucionar estas asignaturas, tales como el de auto-purificación mediante la luz, el de meditación por Reiki y otros. En la "TERCERA PARTE: Técnicas para auto-purificación y crecimiento", serán presentados algunos de estos métodos. Para evitar que se produzcan nuevas vibraciones negativas, no hay otro camino que elevar su propia consciencia y practicar en la vida diaria. Para ello es necesario vivir de acuerdo con los Cinco Preceptos del Maestro Usui.

7. ‹Nivel 4› Correcta transmisión como maestro

◊ CUALIDADES Y ROLES DE UN MAESTRO DE REIKI.

El ‹Nivel 4› es la última etapa de la capacitación del Método Reiki. En este nivel no se realiza una nueva trasmisión de energía, dado que el ‹Nivel 3› es el máximo nivel de energía. En el Método Moderno de Reiki, luego de este nivel se lleva a cabo una Sintonización global de todos los símbolos.

En el ‹Nivel 4› se aprende el método para transmitir correctamente el Método Reiki para su mayor difusión. Por ende, es más apropiado llamarlo: curso de capacitación para maestros de Reiki. A los que finalizan este curso y a quienes se les reconoce la capacidad, se los denomina maestro de Reiki.

Las cualidades de un maestro de Reiki son las siguientes:

1   Tener los tres niveles anteriores, así como el ‹Nivel 4›, curso de maestría.
2   Haber recibido una clara energía Reiki para poder trasmitirla a los que desean aprender Reiki.
3   Estar capacitado para enseñar y trasmitir los símbolos y los "Kotodama", así como saber explicar su uso.
4   Poder dirigir a los alumnos sobre la sustancia de Reiki y su aplicación en general.

Sobre todo, la transmisión de la energía Reiki es considerada la esencia del Método Reiki, dedicándose a ello una gran cantidad de horas para el aprendizaje de la técnica de Sintonización. Tal como insiste de manera reiterativa la maestra Koyama de la "Academia de Terapia por Reiki del Método Usui", la esencia del Método de Reiki consiste en la correcta transmisión de la energía Reiki. Sin embargo, no se debe entender esto como el aprendizaje de la técnica y procedimiento de la Sintonización únicamente.

Además de respetar la forma establecida, lo que es fundamentalmente importante, es la energía en sí. Tal como se detallará en la "SEGUNDA PARTE: Preguntas y Respuestas sobre el método Reiki", si no se logra transmitir el corazón además de la forma, no se puede transmitir una energía clara.

Los que aspiran a ser maestros de Reiki deben aprender no sólo el procedimiento de la Sintonización y las técnicas de aplicación, sino también el espíritu con el que el maestro Usui creó la terapia Reiki, y el uso máximo del Método Reiki, a fin de poder transmitirlos de manera correcta.

◊ **PRÁCTICA Y CONTINUIDAD INDISPENSABLE EN LA ENSEÑANZA.**

La palabra "maestro" se refiere a los líderes espirituales que han alcanzado la gran iluminación. En el caso de Reiki no significa ese tipo de maestros, sino los que dominan el Método Reiki, los que son diestros en el mismo, o los que han sido calificados para transmitir el Método Reiki a los demás. Los maestros de Reiki que han aprendido la última etapa de maestría deben esforzarse por acercarse al nivel de los que han alcanzado el verdadero despertar espiritual, por medio de la asistencia de la existencia de alta dimensión.

En ciertas religiones se dice que el que ha dirigido a los demás erróneamente no será salvado hasta que todos aquellos que han sido guiados por él se hayan salvado. Aunque el Método Reiki no es una religión, resulta necesario tomar una postura similar, ya que se contacta con la energía universal y se relaciona con el campo de la consciencia superior.

Asimismo, por más correcta que sea su enseñanza, si el maestro no lo practica en su vida diaria, no tendría ningún sentido. El maestro de Reiki debe ser el practicante de una vida que coincida con la vibración de la energía de la dimensión superior.

Las personas están conectadas por medio de la relación del karma. En la vida no ocurre nada por azar. Por lo tanto, es sumamente importante mantener dicha relación de karma con el maestro del que ha recibido la energía, así como con aquellos alumnos a quienes se ha transmitido la Sintonización. El maestro debe seguir realizando las prácticas y estudios, para poder evacuar cualquier duda de los alumnos, al mismo tiempo de dar consejos en calidad de predecesor de Reiki. Cuando haya desarrollado un nuevo método de aplicación, es recomendable compartir con sus pares, suministrándoles las informaciones pertinentes.

◊ **EL APRENDIZAJE SE COMPLETA MEDIANTE LA ENSEÑANZA.**

Se dice que se aprende enseñando. En el Método Reiki también el verdadero aprendizaje comienza cuando se empieza a enseñar a los demás como maestro.

Yo mismo estoy agradecido por haberme recibido de maestro, ya que es, el mismo maestro el que se beneficia mayormente por la energía, mediante las Sintonizaciones y curaciones. He aprendido qué clase de consciencia se debe tener para sincronizar con la energía, y que cuando una persona se reforma en su consciencia, el nivel de energía que circula también sufre cambios.

El diapasón que se usa para afinar los instrumentos musicales, sintoniza con el sonido de las mismas vibraciones. Se puede decir que el hombre es un diapasón que sintoniza con la energía universal. La diferencia entre el diapasón y el hombre consiste en que en el caso del primero, el número de las vibraciones propias no cambia, mientras en el caso del hombre, su consciencia cambia de un momento a otro. Dado que la consciencia puede sintonizar tanto con la vibración alta como con la baja, el maestro no debe escatimar esfuerzos por seguir resonando constantemente con la vibración de dimensión superior.

SEGUNDA PARTE
PREGUNTAS Y RESPUESTAS SOBRE EL MÉTODO REIKI

Para una mejor comprensión de Reiki

8. Lo que la gente quiere saber de Reiki.

Pregunta 1: ¿Cuál es el requisito que hay que cumplir para usar la denominación "Método Usui de Reiki"? ¿Cuál es la entidad que confiere el título oficial de maestro de Reiki y emite los diplomas oficiales?

"En las publicidades de los seminarios del Método Reiki, se leen expresiones tales como 'Título oficial de Maestro de Reiki' o 'emisión de diplomas oficiales'".

La expresión "título oficial" tiene una connotación de calificación autorizada por organismos estatales. En Reiki estos títulos no tienen ningún fundamento legal. Tampoco existe dentro de Japón un organismo de unificación tal como el caso de "Kodokan" para el Judo y el "Iemoto" para la ceremonia del té o Ikebana, arte de arreglos florales.

En caso de la tradicional Academia de Terapia Reiki, la entidad encabezada por un Presidente funciona organizadamente, siendo aplicados los estrictos requisitos de calificación. En cambio, en el caso del Reiki Occidental, desarrollado independientemente en el exterior, se confiere el título de maestro a todos los alumnos que finalizan el curso de capacitación de maestros, los que pueden organizar sus propios seminarios sin ningún tipo de restricciones por parte de su maestro. Cabe señalar sin embargo, que en el caso que la persona que ha adquirido el título de maestro usa el mismo manual con el que ha aprendido o actúa como ayudante del seminario, sigue perteneciendo al mismo grupo sin independizarse. A veces, a pesar de haberse independizado, queda en el mismo grupo con la finalidad de continuar su propia práctica y perfeccionamiento. De cualquier modo, los títulos y diplomas pueden ser comprendidos como tales, los emitidos por el mismo grupo o entidad o bien por un maestro independiente.

Pregunta 2: ¿Se logra el mismo resultado independientemente del maestro?

"Si no existen organismos unificados o criterios de calificaciones oficiales, hay diferencias de nivel entre los maestros, lo que significa que existen diferentes contenidos de aprendizaje según la escuela. ¿Es igualmente efectivo no importando de quién se haya aprendido?"

Es una pregunta bastante frecuente. Ella se debe a que todos desean aprender de un maestro de excelencia tanto técnica como personalmente.

Antes solía contestar de la siguiente manera: "No existe una diferencia sustancial entre los maestros que tienen las técnicas de Sintonización y que son capaces de enseñar tanto las técnicas como la teoría. Si Reiki fuese una técnica que puede ser desarrollada por medio de sus propios esfuerzos y entrenamiento, tal como las artes marciales, el Chi-Kung, deportes o artes, sería importante elegir un maestro de altas cualidades. Sin embargo, el Método Reiki es una técnica que no depende de los esfuerzos y entrenamiento."

A pesar de ello, últimamente tengo que admitir que dicha respuesta no es correcta del todo. Luego de presenciar numerosos casos, he llegado a la conclusión de que existen diferencias de calidad y nivel de energía según el maestro. No sólo hay diferentes niveles de energía, sino también hay maestros que transmiten energías totalmente diferentes de la que debe ser.

Ello se deberá a la diversidad de niveles de los maestros. Se está registrando un número creciente de personas que dudan si se ha logrado el efecto o se quejan de ser propensos de recibir la energía negativa.

El Método Reiki consiste en dos aspectos: uno es contactarse con la energía universal; y el segundo es aplicar la energía universal. El verdadero significado del primero es "comprender la verdadera esencia de la energía universal y contactarse con ella". Aunque el canal de energía fuese establecido de la misma manera, la energía universal es solamente recibida en el nivel de comprensión de cada receptor.

Por ende, estrictamente, el Método Reiki es una síntesis de los siguientes tres aspectos: "comprender la esencia de la energía universal", "conectarse con la energía universal comprendida" y "aprender la aplicación de la energía universal".

Si un maestro tiene bien claro el siguiente concepto y se dedica a transmitirlo con modestia, no está expuesto a las energías impuras y negativas: "Reiki es la energía del universo original y es una vibración de amor. La curación Reiki es la práctica de amor y armonía. El Método Reiki no es una técnica para cumplir los deseos, sino que es una vibración de guía para la vida diaria, aplicada con el fin de purificar y elevar el alma para la autorrealización".

Antes de anotarse en un seminario, es recomendable asistir a los círculos de intercambio de experiencias, para conocer el ambiente creado por los receptores de energía del maestro que organiza dicho seminario, y ver de qué manera ellos comprenden la energía Reiki y el Método Reiki. En caso de no ser posible asistir a esas reuniones, podrían realizar dicha evaluación por medio de una minuciosa lectura de los folletos de publicidad del seminario.

Pregunta 3: ¿Cuál es la diferencia entre Reiki y Chi-Kung?

"Tengo entendido que Reiki es la energía universal. Creo que la aplicación de la energía universal no puede ser monopolizada por Reiki. Aprendo Chi-Kung con un conocido maestro chino, quien me enseñó que Chi-Kung es la aplicación de la energía universal. ¿En qué consiste la diferencia entre Reiki y Chi-Kung?"

Dado que Reiki es la energía universal, cualquier persona puede usarla y ser beneficiado por ella. El macrocosmos no permitiría que su energía sea monopolizada por un determinado grupo de personas, del mismo modo que el sol distribuye a todos equitativamente su energía. Sin embargo, aunque el sol no discrimina a los beneficiados por su gracia, los receptores no la reciben igualmente. Algunos rechazan el sol por creer que les hace daño, cerrando las puertas y ventanas. El sol les sigue enviando su energía, pero las limitaciones auto impuestas de esas personas les impiden gozar de ella. Si en cambio las personas que superan las limitaciones y se abren al sol, pueden gozar al máximo su gracia.

El maestro Usui denominó Reiki a la energía universal percibida por él mismo y desarrolló y nos transmitió una alta técnica para sintonizarla y aplicarla.

La energía universal se presenta en innumerables cantidades de ondas de diferentes longitudes, con vibraciones altas y bajas.

El Chi-Kung también es una técnica para aplicar la energía universal, pero el nivel de energía que se puede aplicar varía de acuerdo al nivel de consciencia y práctica de la persona. Si se conecta con las vibraciones altas, se puede aplicar la energía del mismo nivel que Reiki. En cambio si no puede sostener la consciencia clara y limpia, se conecta con energías de bajo nivel.

Como consecuencia, a veces se pierde la energía del cuerpo, se conecta con las energías inarmónicas o se llega a enviar energías negativas. Salvo para las personas con gran práctica y entrenamiento, a las personas comunes les resulta sumamente difícil percibir el nivel de la energía con la que está conectado, y por consiguiente conmutar a otro nivel.

El Chi-Kung es una técnica maravillosa, pero debido a su historia de varios miles de años y la gran diversidad de sus teorías y técnicas, el contenido y el nivel tendría que ser evaluado individualmente. Hablando en términos generales, la dificultad del aprendizaje del Chi-Kung reside en el hecho de que se trata de lograr el control de la consciencia por medio del entrenamiento. La capacidad adquirida por el entrenamiento de concentración puede ser perdida cuando se descuida.

La ventaja de Reiki es que no es necesario usar la consciencia, ya que la capacidad no se logra por la práctica, sino por la transmisión de la energía. La sintonización hace que cada uno sintonice con la energía del máximo nivel, por lo que no se requiere ni esfuerzo ni concentración. Simplemente al colocar las manos con o sin contacto con la parte afectada, se canaliza la energía necesaria para la sanación y purificación.

Por ende, es menester colocar las manos con la mente en blanco, sin hacer los esfuerzos innecesarios para tratar de reforzar la potencia. En caso de intentarlo, puede ser invadido por otros poderes que no sea Reiki.

Pregunta 4: ¿Por qué no es necesario un duro entrenamiento ni concentrarse?

Si el nivel de la energía se determina de acuerdo al nivel de consciencia y práctica de la persona, sería necesario concentrarse para poder conectarse con la energía de alta dimensión y hacer esfuerzos por elevar la capacidad de concentración.

En términos generales, para aprender algo, se hace indispensable la concentración y el esfuerzo. En cambio en caso de recibir la gracia de la energía universal de alta dimensión, lo más importante es relajarse y abrir su corazón, dejando todo en las manos del macrocosmos. Sería perfecto si en lugar de concentrarse se percibe la energía.

Considero que todo ser humano tiene dos computadoras. Una es la computadora personal y la otra es el equipo terminal conectado a la computadora del macrocosmos.

La computadora personal tiene una alta eficiencia, que procesa casi todo. Según el ingenio un sinfín de aplicaciones (software) pueden ser desarrolladas, siendo posible multiplicar su potencia mediante la instalación de opciones, que son prácticas y entrenamientos especiales. Cuanto mayor es la capacidad, mayor grado de confianza se adquiere. Sin embargo, llega el momento en que se topa con una pared. Por mayor que sea su capacidad, no es ilimitada. Por mayor potencia que tenga, ella no puede ser multiplicada ilimitadamente.

Ahora bien ¿qué pasa con el otro equipo, el terminal conectado con la computadora cósmica? En este caso sí la capacidad y potencia son ilimitadas. Sin embargo, no puede ser utilizada sin cierto procedimiento. Este proceso que posibilita su uso es la sintonización, la cual no requiere ningún esfuerzo ni concentración, ya que una persona especializada se encarga de la obra. Depende de cada uno en qué utiliza esta computadora.

Es posible conectarse con la computadora cósmica mediante otros métodos que no sean la sintonización. Existen dos maneras: la primera es como los casos del maestro Usui y el Señor Takatsuka, ser dotados de esa potencia, y la segunda es adquirir la capacidad de conectarse con la vibración del máximo nivel por medio de entrenamiento y concentración. Tal como dice la pregunta, es una opción hacer los esfuerzos por concentrarse. Para ello se requieren largos años de dedicación.

El método más simple es dejar dicho proceso de apertura del canal de la energía al maestro de Reiki que se especializa en esa tarea y dedicarse exclusivamente al uso de la energía. Es decir, lo que requiere su esfuerzo no es la obra de canalización, sino la obra de aplicación de la energía para elevar la calidad de su vida.

Pregunta 5: ¿Qué significa el mejoramiento de la capacidad energética propia?

Me dicen que todas las personas tienen dos computadoras. Se puede pensar que se debe apuntar al aprovechamiento de la computadora con las funciones para conectarse con la computadora cósmica, en lugar de la computadora personal que tiene una limitada capacidad?

Al reflexionar acerca de esta pregunta, quisiera destacar que no se debe pensar que la computadora que tiene valor es la cósmica y no la computadora personal. Las dos computadoras son similares. La computadora personal está incorporada en nuestro cerebro, para que podamos vivir una vida con valor humano y es indispensable para que el ser humano físico pueda vivir sobre la tierra.

El uso de esta computadora depende de su dueño y muchas veces es utilizada para lograr los deseos individuales, los que son controlados por la consciencia (el ego) para la defensa y la satisfacción del ego.

El ego no conoce límites para sus deseos, los que se agrandan de manera escalada y supera el límite de capacidad de la computadora.

La computadora incorporada en el cerebro está dotada intrínsecamente de la función de conectarse con la computadora cósmica, en caso de desborde de su capacidad. En ese sentido no es que no se conecta sin la transmisión de la energía.

Sin embargo, la consciencia del ego (mente egoísta) tiene una vibración diferente de la de la computadora cósmica, por lo que impide su conexión con ella.

La onda de amor, que es lo opuesto del ego es la única herramienta para conectarse con la computadora cósmica. En la edad moderna y a medida que se viva una vida holgada económicamente, se expanden aun más los deseos egoístas, olvidándose del amor que se sintoniza con la vibración de la energía cósmica. Como consecuencia, el hombre está impedido de conectarse espontáneamente con la computadora cósmica.

El ser humano debería apuntar a conectarse con la computadora cósmica, cumplir la autorrealización mediante una vida acorde a las leyes naturales, utilizando dicha computadora. Sin embargo, inmersos en el medio ambiente de la vida moderna, nos resulta dificultoso llevar la vida intrínseca que deberíamos.

En cualquier época existen personas con alguna misión especial asignada y dotada de una capacidad especial para cumplirla. Ahora está abierta la enseñanza de las aplicaciones de Reiki y resultan accesibles para cualquier persona. Sin embargo, no es aceptado por las personas que no están preparadas para ello. En ese sentido, pienso que las personas que han sido conectadas con la energía Reiki son aquellos a quienes ha sido asignada una misión especial por el macrocosmos.

Pregunta 6: ¿No disminuye el "Ki" al dar a los demás?

"El maestro de Chi-Kung me dice que el 'Ki' es igual al dinero, es fácil de gastar y difícil de reponer. Si se da 'Ki' en demasía a los demás en las terapias con exhalación del 'Ki', se consume el 'Ki' de uno mismo, y puede llegar a una situación irreparable. ¿No hay cuidado en cuanto a la curación Reiki al respecto?"

Me preguntan con frecuencia si no se altera la condición física al realizar la curación a los demás. Ciertamente los libros sobre Chi-Kung dicen que se debe limitar la cantidad de veces de la realización de la terapia de exhalación del "Ki", terapia que consiste en exhalar el "Ki" incorporado en uno mismo, a fin de curar a los demás, ya que el exceso puede perjudicar a la propia salud. Se dio un caso concreto de un maestro de Chi-Kung que se enfermó vomitando sangre. Se recomienda limitar a tres el número de los pacientes que se atiende por día. El doctor Lim, conocido mundialmente por la anestesia por Chi-Kung, recomienda evitar la terapia por exhalación del "Ki", ya que se corre el peligro de disminuir el propio "Ki".

Sin embargo, no es aplicable a todos los maestros chinos de Chi-Kung. Algunos sostienen que no se altera su condición saludable por realizar dicha terapia una gran cantidad de veces, sino que hasta a veces se sienten mejor. Algunos especialistas insisten que resulta peligroso para los que han aprendido la técnica denominada "Shoshuten", que consiste en incorporar "Ki" para elevar la energía de uno mismo y practicar la terapia por exhalación del "Ki", porque de esta manera se exhala todo el "Ki" acumulado dentro del cuerpo luego de tantos esfuerzos, originando un estado llamado "Kikyo", con disminución del "Ki", que produce un gran cansancio. En cuanto a las personas que han completado la técnica llamada "Taishu tenpo", técnica de intercambio con el "Ki" de nivel cósmico, la técnica hace que la energía "Ki" omnipresente en la naturaleza fluya a través de él, y no produce el vaciamiento del "Ki", sino que origina la exaltación del mismo.

Generalmente, los discípulos reciben "Ki" de la misma índole que su maestro. Es lógico que el "Ki" sea similar aunque existan diferencias de nivel, porque aprenden con repetición sobre la base de la experiencia y teoría de su maestro. Si el maestro enseña que es peligroso el exceso de la terapia por la exhalación del "Ki" porque se disminuye su propio "Ki", a los discípulos les producirá el mismo fenómeno, ya que "heredan" el "Ki" del maestro. "Heredar" el "Ki" es igual a heredar la consciencia.

Entiendo que existe una gran diferencia entre una capacidad adquirida mediante la práctica y otra adquirida de otra forma. Para elevar la capacidad, es necesario concentrarse y producir una conjunción de imágenes. Lógicamente la fuerte concentración puede elevar la capacidad, pero al tratar de aplicar la misma metodología al realizar la terapia de exhalación del "Ki", y tratar de enviar el "Ki" acumulado por uno mismo, se omite la consciencia de que es sólo un medio de la energía cósmica. Si se tensa de esta manera, la onda del amor no se sintonizará con esa persona y termina exhalando solamente su propia energía.

En cambio, aquellas personas a quienes se les ha dotado la capacidad de manera espontánea y no por su propios esfuerzos, son capaces de tratar a cincuenta o setenta personas por día con la exhalación del "Ki". Es obvio que si se les ha encomendado una misión especial y se los ha dotado de una capacidad para cumplirla, no se cansaría por sanar a tres personas por día.

En el Método Reiki, es posible curarse a si mismo y a los demás con la onda de amor mediante la conexión con la luz del universo original, sin ser consciente del control. Por consiguiente, no se cansa por tratar una gran cantidad de pacientes, ya que aumenta la potencia del emisor tanto como la del receptor.

Sin embargo en la realidad recibo varias consultas de maestros de Reiki, quienes manifiestan que luego de una sesión, quedan exhaustos por haber sido extraída la energía por el receptor. Estas preguntas me obligan a reflexionar sobre si la energía recibida fue verdaderamente una energía clara, o sobre con qué consciencia se realiza la sesión, ya que Reiki es una luz clara y las personas reciben su gracia al convertirse en el canal de esa luz.

Cuando les pido que me cuenten con detalles la circunstancia suele quedar claro que en la mayoría de los casos el problema no reside en la energía en sí, sino en las personas, que carecen de la verdadera comprensión de Reiki, o que tratan de enviar su propia energía con esfuerzos innecesarios. Estos episodios demuestran que aun habiendo recibido la energía clara mediante la Sintonización, es sumamente difícil mantenerla pura y elevarla.

Pregunta 7: ¿Nunca se recibe energía negativa de los demás?

"Practico la curación Reiki paralelamente a la terapia de acupuntura y moxibustión. Durante la terapia suelo percibir los males que padecen mis pacientes, y luego sufro los mismos síntomas. Supongo que es el resultado de haber recibido la energía negativa de mis pacientes. ¿No existe una manera de solucionar este problema?"

Se suele usar la expresión "recibir energía negativa", que forma la otra cara de la moneda de la expresión "descomponerse a raíz de haber exhalado energía por una terapia".

Considero que la energía negativa se refiere a un estado en el que el "Ki" queda estancado. El "Ki" debe estar circulando en el universo permanentemente y ese fluir constante es la fuerza que mantiene toda la existencia en el estado original. El cuerpo humano también se mantiene sano por medio del flujo del "Ki".

Al estancarse el flujo del "Ki" por alguna razón, se concentra el "Ki" superfluo y se convierte en energía negativa. Imagínense que un arroyo limpio queda estancado por alguna causa y se desborda el agua cuyo flujo es impedido. Traerá algunas consecuencias no deseables tales como el anegamiento, enturbamiento, putrefacción y otros. Estos fenómenos son producidos no porque el agua sea mala, sino porque el agua se ha estancado. Cabe señalar sin embargo, que el estancamiento del "Ki" puede originar la falta secundaria del mismo en otras partes.

Por lo tanto, para eliminar el "Ki" superfluo o la energía negativa, se puede recurrir a la técnica de purificación del aura o a la sanación por Reiki para estimular el flujo del "Ki". La energía negativa eliminada así no puede poseer a otras personas o ejercer influencias negativas a éstas. Esa energía negativa no es una existencia maligna, sino simplemente se trata de "un estado en el que el estancamiento del "Ki" ha producido un exceso parcial de "Ki", por lo que la energía negativa eliminada se desvanece en el aire.

Muchos creen que en la curación se colocan las manos para transmitir y compensar el "Ki" que falta. Sin embargo, en la mayoría de los casos se estimula el flujo del "Ki" superfluo estancado. Naturalmente se repone el "Ki" donde haga falta.

En la medicina oriental, se denomina "Sha" el acto de eliminar el "Ki" superfluo; mientras el acto de reponer el "Ki" faltante se llama "Ho". En la curación Reiki se realizan estos dos actos terapéuticos según la necesidad y en forma automática. Cuando se produce el "Ki" malo, se origina un estado cerrado, cubierto por la energía negativa, la que afecta el cuerpo y la mente.

En realidad no se recibe la energía negativa, tal como se ha explicado, pero es cierto que hay gente que se queja de haber recibido energía negativa o los síntomas de otras personas. Hay personas que intentan construir una barrera para impedirlo. Sin embargo, los que desean realizar la curación no pueden impedir el flujo de la energía con una barrera.

En el Método Reiki, el maestro es el canal que trasmite la energía. En ese caso, la luz de la dimensión superior, fluye hacia el receptor, no siendo posible que la eventual energía negativa de éste último fluya de modo inverso hacia el emisor. Se produce un intercambio (circulación) de la energía vital entre las dos personas, siendo purificada la energía de ambos. Si uno tiene una energía negativa, ésta fluye hacia el otro, y se une con la energía similar acumulada en su interior, reforzando esa sensación. Puede originar una sensación sumamente desagradable. Si la persona es sensible, llega a tener miedo de que esa sensación perdure y no lo abandone, hasta tal grado que se tensa, bloqueando la energía dentro de su cuerpo, y de esa manera puede sentir cierto malestar por unos momentos. Este es el fenómeno descrito por la frase "recibir energía negativa de otro". Los que no son tan sensibles no perciben ni el malestar ni miedo y por lo tanto no bloquean el flujo de la energía.

La energía fluye, incluso la energía negativa. La energía positiva cuya función es despertar al otro, a raíz de la relación karma (aprovechando la oportunidad de la curación) está a punto de ser liberada atravesando el cuerpo del receptor y a purificar la energía negativa del receptor. No hay que encerrarla y bloquearla por miedo y malestar.

Si se presenta dicha circunstancia, debe calmarse y poner atención en su propia respiración (solo contemplarla, no controlarla) para poder percibir el flujo de la energía. Se debe continuar observando bien relajado su movimiento y sensación. La energía, luego de permanecer dentro del cuerpo por unos instantes, sale del cuerpo rápidamente. A medida que vayan adquiriendo mayores experiencias, se hace cada vez menos intensa la sensación de malestar y más rápida la velocidad con que se va la energía. En las técnicas de curación siempre se realiza el intercambio de energía vital. Algunos dicen que se tiene que construir la barrera para evitar el peligro. Sin embargo, en el caso de la curación Reiki, es sumamente seguro, ya que el emisor y el receptor quedan envueltos por la "onda de amor y armonía" y la curación se lleva a cabo en medio de la consonancia con la luz de dimensiones superiores. El intercambio de la energía vital es el intercambio de las almas y es la realización del amor de alta dimensión, lo que es altamente efectivo para la elevación de la espiritualidad.

Para las personas que siguen sintiendo malestar, se les recomienda no construir la barrera, sino realizar lo siguiente: antes de la sesión, se imagina que se pone los guantes de luz Reiki, o sacude y elimina la sensación de malestar exhalando durante la sesión de curación, o bien luego de la curación hacer la respiración de luz: imaginar que con la inhalación se introduce luz desde la coronilla, llenando el cuerpo de luz, y con la exhalación extiende esa luz en todo el cuerpo.

Pregunta 8: ¿Es Reiki un método de relajación para eliminar el estrés?

"En la explicación sobre el ‹Nivel 1› dice que Reiki relaja el cuerpo y la mente, elimina el estrés y aumenta la capacidad inmunológica y curativa. Creía que la acción de Reiki es algo más misteriosa."

Existen numerosos misterios en Reiki. Sin embargo, perseguir esos aspectos misteriosos no es una actitud que debamos adoptar. Nos corresponde aceptar que existen esos misterios y aplicar Reiki al máximo dentro de nuestra comprensión.

Interpreto que el Método Reiki es la "técnica suprema de relajación". El ser humano moderno sabe "tensionarse" sin esfuerzo, pero se ha olvidado la técnica para "des-tensionarse" o relajarse. Por eso sufrimos el constante estrés que ataca nuestro cuerpo y nuestra mente. El estrés es una "torsión" que se produce en el cuerpo y la mente, y una vez producida acciona de manera "autodestructiva". Las causas que pueden originar esta "torsión" existen en cualquier lugar.

En la antigüedad se atribuían las causas de las enfermedades a los siguientes tres factores: causa endógena, causa exógena y causa que no es ni interna ni externa.

Las causas endógenas son las causas que existen dentro de la persona, principalmente relacionadas a las emociones o actividades mentales tales como alegría, ira, tristeza, temor, sorpresa, preocupación y otros.

Las causas exógenas son los factores que se producen fuera del cuerpo humano, principalmente relacionados con las condiciones naturales tales como calor, frío, viento, humedad, sequedad y otros.

El tercero no pertenece ni a los factores externos ni a los internos, tales como fatiga, alimentación excesiva, actividades sexuales excesivas, traumatismos, intoxicaciones, parásitos, herencia y otros.

Además se pueden mencionar como causas exógenas acarreadas por la civilización moderna, la polución electromagnética, daños por medicamentos, aditivos de los alimentos, contaminación ambiental y otros. Todos estos factores son "estresantes", o sea "lo que puede originar estrés", pero no son estrés en sí. Cuando nosotros recibimos la influencia de estos "estresantes", podemos producir o hacemos que se produzca el estrés.

No es posible evitar todos los "estresantes" cuando vivimos en la sociedad, pero no a todos nos producen estrés. Es posible evadirlo o combatirlo o bien convivir con él. Se puede elegir cualquier opción, pero si se combate puede perder y si trata de evadirlo, a veces no se logra. Lo mejor es convivir con el estrés, o aún mejor es controlarlo si es posible. De esta manera se pueden reducir sustancialmente las probabilidades de enfermarse.

Se calcula que existen unas veinte mil clases de enfermedades en la tierra. Según la Organización Mundial de Salud, el 90% de esas enfermedades tienen alguna relación con el estrés. Reiki ayuda a relajarse por medio de una vibración de ondas finas, que se acciona para que no se produzca mayor estrés y releva rápidamente el estrés ya producido.

El estar sano implica el estado de buen equilibrio de la energía y que además "se mantenga ese estado dentro de un cierto rango". Por ende, el estado de enfermedad es aquel que se produce en caso de producirse por alguna causa un desequilibrio superando cierto límite y no puede ser restaurado el estado original de salud. Si suponemos que la salud es como cuando un péndulo está en posición vertical, se puede pensar que cuando el péndulo está realizando movimientos pendulares también se mantiene el estado de salud, porque "se está manteniendo un estado dentro de cierto rango". Si por alguna causa el péndulo no puede volver a la posición original, o empieza a trazar una órbita totalmente desviada, ¿qué pasaría? Ese es el estado de enfermedad.

El equilibrio de la energía puede ser destruido por el estrés. El estado de torsión originado por el "estresante" es llamado "estado estresado". Ese estado debilita marcadamente la resistencia contra los gérmenes patógenos y la capacidad curativa espontánea, así como la homeostasis (la función de restaurar el péndulo en su posición correcta).

La homeostasis está compuesta por el sistema inmunológico, el sistema nervioso autónomo y el sistema hormonal. Estos tres sistemas en conjunto sostienen la salud. Cuando la función de uno de ellos disminuye, las funciones de los otros dos también se reducen.

También hay personas que no están ni sanas ni enfermas. En el ejemplo del péndulo, se puede decir que es paralelo a un estado donde el péndulo está trazando una órbita distorsionada, pero mantiene el punto central. Es un estado de salud precario con riesgo de que el péndulo pueda desviarse del punto central en cualquier momento. Puede haber casos donde "manteniendo el punto central, el movimiento pendular es extremadamente reducido" o "cuando se desplaza hacia la derecha, tarda mucho en volver al punto central". También debe haber gente que, aunque no está enferma, su "órbita" es desviada, que es su personalidad. Independientemente de qué tipo de órbita se está trazando, no puede detenerse el movimiento pendular. Ese movimiento es la vida diaria del ser humano y es la prueba de estar vivo. Cada uno de los pensamientos, las expresiones verbales y las acciones de cada momento conforman el movimiento pendular y la vida es la acumulación de esos momentos.

Nosotros que hemos aprendido Reiki por alguna relación karma, debemos corregir el desequilibrio mediante su poder y mantener la postura relajada y natural sin tensión, para poder trazar una órbita simétrica del movimiento pendular.

En este capítulo expliqué solamente la sanación psicofísica mediante la relajación. En otro capítulo me referiré al camino de la relajación que lleva a la iluminación.

Pregunta 9: ¿Es posible aprender Reiki sólo con libros?

"Un amigo mío asistió a un seminario de Reiki y me prestó el manual de ese seminario. Está muy bien explicado. ¿Podría aprender Reiki a través de los libros?"

Los textos de Reiki son los libros que explican a los que han adquirido la capacidad curativa por medio de la sintonización, de qué forma puede aplicarla. Por esa razón, para el caso de la persona que ha finalizado el seminario de ese nivel, de cualquier escuela, los textos pueden ser de gran utilidad, sobre todo, si están diseñados para el autoaprendizaje. Si no es el caso, los textos no sirven de nada.

Aunque haya aprendido la técnica, si no se conecta con la energía, no surte ningún efecto, ya que simplemente está imitando la forma. Si solamente no surte efecto, podría considerarse como un simple juego. Sin embargo, el mundo de la energía está relacionado con el mundo de nuestra subsconsciencia y supraconsciencia, por lo que su manejo erróneo podría ser peligroso.

Hace algunos años se ha puesto de moda entre los alumnos de la escuela primaria un juego llamado "Señor Kokkuri". Una existencia imaginaria de nombre Kokkuri responde a las preguntas formuladas por los niños. Se registraron casos de niños que caían en un estado hipnótico y otros que deliraban, de manera tal que llegó a ser un tema social. Se supone que los niños sensibles a la energía reaccionaban con las vibraciones de bajo nivel. Si no se aprenden correctamente, los temas relacionados a la energía, pueden ocasionar situaciones peligrosas.

En el Método Reiki, una de las razones por la cual no se hacen públicos los símbolos y los "Kotodama", es para evitar este tipo de peligros.

No solo los maestros de Reiki, sino también los que han asistido a los seminarios deben abstenerse de mostrar los textos y hablar públicamente de las partes secretas o misteriosas de Reiki.

9. Origen de Reiki y su desarrollo hasta el presente.

Pregunta 1: ¿Por qué Reiki no se ha desarrollado en Japón?

"En el seminario nos enseñaron que el creador del Método Reiki es el maestro Mikao Usui, pero que no ha habido un sucesor y al trasladarse a los EE.UU. tuvo su propio desarrollo, difundiéndose a nivel mundial desde dicho país. ¿Por qué Reiki no se ha desarrollado en Japón?"

También me lo pregunté cuando aprendí Reiki por primera vez y me informaron de tal antecedente en un seminario.

Luego al recabar información supe que existía en Japón una entidad que sucedía la terapia Reiki tradicional del maestro Usui. Afortunadamente dicha entidad denominada "Academia de Terapia Reiki de Usui" sigue existiendo y tuve la suerte de recibir la instrucción en forma personal de la maestra Kimiko Koyama, su sexta presidenta. Actualmente hay varios maestros transmisores del Nivel de Maestría en dicha Academia.

Por las dificultades que tuve para informarme de la existencia de la Academia, se supone que existen varias otras personas que han aprendido el Método Reiki Tradicional, quienes no se exponen al público, sino que prefieren quedar en el anonimato. Por lo tanto, no es de extrañar que las entidades desarrolladas en los EE.UU. hayan evaluado que no existen sucesores en Japón, ya que los textos publicados por ellas manifiesten tal evaluación. Respecto de por qué no tuvo un desarrollo visible en Japón, existen varias razones.

En primer lugar se puede señalar que el maestro Usui estuvo

en contra de cualquier clase de propaganda y prohibía a sus discípulos difundir los efectos de Reiki, aun para su desarrollo y difusión. Además, no se lo transmitió ni a su esposa ni a sus hijos, manifestando que Reiki no pertenecía a la familia Usui.

En segundo lugar, de acuerdo a las relaciones y contactos que tenía el maestro Usui, los tres discípulos que son reconocidos como receptores del ultimo nivel de Maestría pertenecían a la Armada, por lo que se supone que Reiki tuvo una vasta difusión dentro de dicha fuerza. Ello se habría debido mayormente a la influencia de los dos contraalmirantes, Ushida y Taketomi. Posteriormente su difusión debe haberse interrumpido por la Segunda Guerra Mundial y la desarticulación de la Armada como consecuencia de la derrota de Japón. Sin embargo, teniendo en cuenta que la maestra Kimiko Koyama recibió la transmisión del contraalmirante Taketomi, debe haber habido alguna transmisión a los civiles, además de los militares.

En relación al maestro Chujiro Hayashi, quien abrió una clínica de terapia Reiki luego de retirarse de la Armada. Según la prensa de aquel entonces, "se dedicaba a la transmisión de la terapia los cinco días de la semana", por lo que probablemente haya habido algunos discípulos que alcanzaron al Nivel de Maestría. También se comentaba que dieciséis terapeutas se dedicaban a las sesiones permanentemente, por lo cual se puede considerar que deben haber existido algunos sucesores del maestro. Asimismo, se puede destacar que en la Terapia Reiki Tradicional, los discípulos debieron esforzarse para elevar su propia capacidad, una vez recibida la transmisión de energía del ‹Nivel 1›, lo cual les dificultaba avanzar hacia los niveles superiores, siendo pocos los que alcanzaron al Nivel de Maestría consecuentemente.

De cualquier modo, es cierto que actualmente existen algunos, aunque pocos, sucesores de Reiki Tradicional, fuera de la "Academia de Terapia Reiki de Usui". Sin embargo, la mayoría son personas de edad avanzada y además debido a que hubo épocas en que la terapia de imposición fue prohibida por infringir la ley de medicina, muchas entidades optaron por cambiar la denominación o fusionarse con otras terapias o adoptar un sistema exclusivo para los miembros, fuera del acceso de los legos.

Pregunta 2: ¿Por qué existen tantas biografías equivocadas del maestro Usui?

"A pesar de que pasaron tan solo setenta años después del fallecimiento del maestro Usui, ¿por qué se ha convertido en una existencia legendaria, envuelto por anécdotas erróneas?"

Ello se debe a la escasez de material relacionado con el maestro, a pesar de sus méritos y su fama de ser el precursor de la restauración de la terapia de imposición, lo cual es atribuible a las siguientes dos razones: primero el maestro había sido una persona totalmente desconocida hasta su curación por la terapia Reiki y segundo la cantidad de años de sus actividades desde la fundación del Método Reiki hasta su fallecimiento fue tan solo de cuatro años. No son ciertas las versiones de que fuera profesor en la Universidad de Doshisha en Kioto o que fuera pastor cristiano. Más que versiones equivocadas, se supone que fueron creadas con la intención de que Reiki fuera aceptado con mayor facilidad para la gente común en un país cristiano como los EE.UU.. La terapia Reiki fue percibida por el maestro mediante una revelación mientras practicaba ayuno en el monte Kurama. Es claramente contradictorio que un cristiano practicara ayuno en el Kurama, que es tierra sagrada para los budistas.

Respecto de la creación de la terapia Reiki, algunas versiones indican que el maestro había estudiado largamente la aplicación de la energía cósmica del antiguo Tibet, que al descifrar un documento escrito en sánscrito encontró la sugestión y que durante el ayuno practicado sobre la base de dicha sugestión percibió la energía Reiki. Sin embargo, en el "manual" de la terapia Reiki escrito por el maestro dice: "Reiki fue percibido de una manera misteriosa en contacto con la atmósfera durante el ayuno y me di cuenta que había adquirido una capacidad paranormal de curación, por lo que me resulta difícil describirla con exactitud". Quiere decir que fue una capacidad conferida casualmente durante el ayuno, cuya naturaleza no puede ser explicada. Ello significa que no había empezado el ayuno esperando tal resultado. En otra parte el maestro escribe: "La terapia no me fue trasmitida ni he investigado para adquirir tal capacidad". Por lo tanto, no es correcto que el maestro se haya dedicado a estudiar por largos años.

Aunque no es mi intención detallar los errores en sus biografías, sostengo que es necesario corregir los errores con valentía a medida que se va conociendo la verdad, a pesar de que esos hechos ficticios o erróneos hayan tenido algún sentido en su momento.

La biografía más fiel del maestro Usui es el epitafio de la lápida dedicado al maestro, a la que me referí anteriormente. La enseñanza del maestro se resume en los Cinco Preceptos, en las técnicas de auto-purificación y elevación de la capacidad propia, y en el "Método de auto-potenciación" creado por el maestro.

El año pasado recibí de un maestro de Reiki que vive en la prefectura de Hiroshima una serie de materiales sumamente valiosos tales como una fotografía del maestro Usui, el documento distribuido solamente a los miembros de la Academia titulado "Folleto de la terapia Reiki" (publicado por la Academia de Terapia Reiki de Usui), copias del certificado de instrucción (certificado de la transmisión de la terapia Reiki) y una copia del permiso de transmisión (permiso para realizar sesiones Reiki a los demás).

Asimismo a raíz de la investigación por un maestro de Tokio, se supo que el emblema de la familia Usui era una luna y una estrella, símbolo de bodhisattva Myogen, una deidad protectora de los samurais, que posteriormente fue adoptado por la familia Chiba, para su emblema familiar. Todavía existen varios puntos a aclarar sobre la verdadera imagen y vida de los maestros Usui y Hayashi, que espero poder hacerlo mediante la colaboración de maestros de todo el país.

Pregunta 3: ¿Cómo entendía Reiki el maestro Usui?

"Entiendo que Reiki es la energía cósmica. ¿Qué concepto tenía el maestro Usui de Reiki? y ¿cómo lo expresaba?"

Se resume a continuación el concepto que tenía el maestro de Reiki, sobre la base de la "Línea directiva de la terapia Reiki" escrito por él y otros documentos.

1   Toda existencia del universo posee Reiki sin excepción.

El maestro se refiere así a la esencia de Reiki. La ciencia ha llegado a la conclusión de que toda la existencia del universo consiste en ondas de diferentes números de vibraciones. Son partículas, vibraciones y al mismo tiempo energía. Quiere decir que Reiki es una vibración y a la vez energía. Se puede decir que la energía Reiki son ondas finas de altas vibraciones.

2. El método Reiki es una terapia única de Reiki, basada sobre la capacidad paranormal que existe en el universo.

Esta frase demuestra el concepto del maestro Usui, la terapia Reiki cura mediante Reiki que es la energía cósmica. La expresión "capacidad paranormal que existe en el universo" tiene un profundo significado. Se interpreta que la aplicación de la capacidad paranormal cósmica, es la energía de la consciencia del macrocosmos con la energía de sanación, armonía y de amor.

3. Se puede decir que la terapia Reiki es una terapia tanto psíquica como física. La razón reside en que de cualquier parte del cuerpo humano emana la luz y el "Ki", en especial, abundantemente por los ojos, las manos y la boca. Por eso se logran efectos curativos al fijar la mirada en la parte afectada durante dos o tres minutos, exhalar o colocar las manos sobre ella.

Se refiere al método de la terapia Reiki, explicando que se trata de la "curación mediante la luz y el "Ki" que sana "la mente, el cuerpo y el alma simultáneamente", "por medio del 'Ki' y la luz que emana de todo el cuerpo", y que la terapia Reiki es una terapia integral, dado que se emplea el método de mirada y el método de exhalación, aprovechando la mayor cantidad de la luz y el "Ki" emanados de los ojos, las manos y la boca.

4. Se enseña públicamente esta terapia, a fin de estimular la salud y promocionar los pensamientos moderados y los placeres de la vida.

El maestro aclara que se difunde el Método Reiki para que la gente sea sana psíquica y físicamente, y pueda lograr el bienestar y felicidad. Asimismo, determina que "es un mal hábito del siglo pasado, transmitir las enseñanzas secretas solo a sus descendientes como un tesoro celosamente guardado para lograr la riqueza de la familia".

5   La misión de Reiki es primero sanar la mente, segundo fortalecer el cuerpo, para que las personas vivan en paz y bienestar, curando las enfermedades de los demás y promocionando la felicidad propia y ajena.
En cuanto a cómo se debe aplicar Reiki, el maestro manifiesta que la base es "lograr la salud psíquica y física de uno mismo y llevar una vida amena y pacífica" y se debe al mismo tiempo "curar a las personas enfermas psíquica y físicamente mediante el Método Reiki para aumentar la felicidad para todos", insistiendo en la necesidad de amar al prójimo.

6   La esencia de Reiki ¿Está siendo estudiada por académicos y estudiosos? Me resulta difícil explicarlo con exactitud. Aunque resulte difícil aclarar según la ciencia moderna, estoy convencido de que en el futuro, la esencia de Reiki, coincidirá con la ciencia.
El maestro esperaba que el desarrollo de la ciencia pueda aclarar la esencia de Reiki en un futuro. Sin embargo, en la actualidad, en el umbral del siglo XXI, la ciencia no ha logrado explicar enteramente la energía cósmica. Por ende ¿no sería inteligente aprender a aplicar Reiki, aceptando los puntos no aclarados como están?

Pregunta 4: ¿Cuál es la verdadera enseñanza del maestro Usui?
"Se entiende que Reiki es la terapia psicofísica mediante Reiki, tal como su nombre lo indica. En el Método Reiki de la actualidad se dice que es efectivo para el despertar espiritual y la elevación de la consciencia. ¿Fue enseñado por el maestro Usui? ¿Cuál es la verdadera enseñanza del maestro?

El maestro Usui dejo numerosas lecciones. Entiendo que lo que realmente el maestro quiso transmitir fue la iluminación alcanzada por él mismo.

Lo que el maestro enfatizaba rigurosamente era que "la ley natural del macrocosmos y el espíritu de uno mismo que es el microcosmos deben estar unidos e integrados". Este es el estado de iluminación alcanzada por él como "el universo soy yo y yo soy el universo". También fue descrito por el maestro con las frases como: "el cosmos entero se encuentra dentro de mí y yo estoy dentro del cosmos" y "la luz está dentro de mí y yo estoy dentro de la luz". Cualquiera de las dos expresiones transmite la integración con el universo.

El maestro Usui siempre empleaba palabras fáciles para que todos entendieran la terapia Reiki. A los miembros comunes se limitaba a enfatizar la sanación de la mente y del cuerpo y la promoción de la felicidad, sin referirse a la capacidad paranormal que conduce a la iluminación. Su enseñanza se centraba en la promoción de la salud y felicidad a nivel individual. Esto tiene una explicación: en aquel entonces, la era Taisho (1912-26), la vida del pueblo japonés era pobre en general, habiendo muchos enfermos que no podían acudir al médico y también la mayoría de las personas que deseaban asociarse como miembros de la Academia lo hacían por motivos de salud. La denominación "Academia de la Terapia Reiki de Usui para mejoramiento de cuerpo y mente" tiene relación con este trasfondo socio-económico.

Sin embargo, el objetivo de la Academia era "el mantenimiento de la salud y el mejoramiento psicofísico, promoción de la paz, prosperidad y felicidad del hogar, de la sociedad y del Estado", siendo exigido a los miembros de cierto nivel alcanzar el estado de iluminación al cual había llegado él mismo, según los comentarios de los antiguos miembros.

El maestro Usui enseñaba que "el entrenamiento mental basado en la verdad de la naturaleza agranda al hombre" y que "si se tiene confianza que esa verdad es de uno mismo, el entrenamiento mental hará que su comportamiento coincida con el universo de manera espontánea, y podrá mostrar una actividad absoluta e infinita. Este es el aspecto del ser humano que debe ser".

Asimismo el maestro advertía que "nunca se debe ignorar ni rechazar la medicina ni los medicamentos. Esto sería un acto sumamente irrespetuoso hacia la ciencia médica que ha logrado un avance notable en estos años", recomendando "curar mediante Reiki las enfermedades que no pueden ser curadas por la medicina", aseverando que "ya que no hay enfermedad que no pueda ser curada por Reiki, se debe esforzar por sanar siempre con el alma limpia". Otra de las enseñanzas del maestro Usui dice lo siguiente: "la única enfermedad que no puede curar ni Reiki ni la medicina es cuando se agota el curso natural de la vida. Todos los hombres tienen una vida determinada, tanto los adultos como los niños. Esta es la providencia divina, contra la que no se puede hacer nada. Cuando se sepa que el receptor de la terapia se encuentra en la última etapa de su vida, el transmisor debe agotar sus esfuerzos por atenderlo con toda sinceridad y seriedad hasta el último momento, a fin de ayudarlo a pasar a la otra vida en paz y sin dolor, por peor que sea la enfermedad que padezca".

Pregunta 5: ¿Cuáles son los Cinco Preceptos del maestro Usui?

"He oído que el maestro Usui ha dejado una enseñanza importante llamada los Cinco Preceptos. Me gustaría que los explique."

En Reiki Tradicional los Cinco Preceptos del maestro Usui eran repetidos por los miembros de la Academia diariamente a la mañana y a la noche, junto con la poesía del Emperador Meiji. Eran su alimento espiritual y la base de su filosofía de vida.

El título es "Precepto para obtener la felicidad, elixir de todas las enfermedades" y por último recomienda "Repite en tu mente y en voz alta, con las manos en posición Gassho, a la mañana y a la noche".

Los Cinco Preceptos son: "Sólo por hoy, no te enojes. Sólo por hoy, no te preocupes. Agradece y dedícate a tu trabajo. Sé gentil con tu prójimo." Es una enseñanza sumamente corta y en las expresiones simples, está encerrado profundamente el espíritu de la iluminación alcanzada por el maestro.

1. "Solo por hoy."
Explica la importancia del "día de hoy", de la vida que lleva el hombre sobre la tierra. Del pasado, el presente y el futuro, lo que existe en realidad es sólo el presente. "La vida es sólo hoy." El "hoy" es el cúmulo de "ahora", o sea, de cada momento. Cómo vivir el actual momento determina el rumbo de la vida. La frase nos enseña que debemos vivir cada momento con sumo cuidado. Esta frase "Sólo por hoy" rige la totalidad de los Cinco Preceptos.

2. "No te enojes."
El enojo nos daña tanto a nosotros mismos como a los demás, por lo que debe ser evitado. Interpreto que la enseñanza no se limita al enojo, sino que nos indica que no debemos ser esclavos de toda clase de sentimientos, tales como alegría, tristeza y placer. Cuánto más egoísta sea una persona, mayores vaivenes sentimentales experimenta. Esa persona deja escalar su enojo, rencor y odio, conduciendolo a uno mismo al borde de la destrucción. Se puede aplicar Reiki para lograr la armonía sentimental y espiritual.

3. "No te preocupes."
Recomienda que luego de haber hecho todos los esfuerzos el día de hoy, dejemos todo en manos del macrocosmos, tal como sugiere el refrán que dice, "Haz todo lo posible y deja el resto a la providencia", sin preocupaciones ni temores innecesarios, manteniendo la paz interior. Los temores y preocupaciones sintonizan con las ondas inarmónicas y las atraen. En el ‹Nivel 3› del Método Reiki se aprende a "creer en el cosmos y dejar todo en sus manos".

4. "Agradece."
Si nos damos cuenta de que no vivimos por nosotros mismos, sino que nos hace vivir la naturaleza, nos nace el agradecimiento a ella y a toda la existencia que se encuentra a su alrededor. El sentimiento de agradecimiento es una energía emanada de la consciencia de alto nivel propia del ser humano. Si nos olvidamos de la satisfacción y el agradecimiento, presos de intereses egoístas, perdemos el espíritu

que debemos tener originalmente. Si recibimos la gracia de Reiki y nos familiarizamos con él, nos nace el agradecimiento de manera espontánea.

5 "Dedícate a tu trabajo."
La haraganería es una deslealtad con uno mismo y un vicio contra la sociedad. El hombre crece a través de su trabajo, porque aprende lo necesario como ser humano mediante la vida diaria y el trabajo. Se dice que "lo importante no es qué clase de trabajo tienes, sino qué aprendes a través de tu trabajo". En la antigüedad se recomendaba "hacer la práctica ascética lejos de las obligaciones mundanas". Sin embargo, ya que el ser humano vive sobre la tierra con el físico que se le ha conferido, se debe aprender a mejorar mediante su trabajo, su vida diaria y sus relaciones con los demás. Reiki enseña el método de su aplicación para lograrlo.

6 "Sé gentil con tu prójimo."
Esto nos enseña que debemos reconocer la misma importancia en los demás que en nosotros mismos. Nadie es suficiente por sí solo. Nadie puede aprovechar su capacidad plenamente, ni siquiera llevar su vida diaria estando solo. La sociedad sana puede ser construida únicamente a través de la ayuda recíproca de sus miembros. A nivel cósmico, no existe distinción entre el uno mismo y los demás, sino que conviven las almas. Vale decir que ser gentil con el prójimo es igual a cuidarse a sí mismo. Este espíritu se cultiva al profundizar la práctica del Método Reiki, que es la "lección de amor y armonía"

Pregunta 6: ¿Por qué Reiki re-desembarcó en Japón?

Se dice que el Método Reiki se trasladó a los EE.UU., tuvo su propio desarrollo en este país y luego re-desembarco en Japón. ¿Por qué motivo fue re-importado a Japón y tuvo este nivel de desarrollo?

El Método Reiki comenzó a difundirse rápidamente en Japón a raíz de la publicación de un libro titulado "Terapia Reiki" versión japonesa del libro de la Doctora Barbara Ray a cargo de la maestra Mieko Mitsui, periodista y maestra Reiki perteneciente a la Asociación de Técnica de Radiación (Radiance Technique Association), radicada en la ciudad de Nueva York.

La aparición del libro coincidió con el momento (la segunda mitad de la década del 80) en que había comenzado la cuenta regresiva hacia el siglo XXI, en la que se comenzaba a notar el auge del ocultismo y predicciones escatológicas. Se había logrado la riqueza material debido al alto crecimiento económico, en tanto que se presentaban algunos problemas sociales originados por la destrucción del medio ambiente y la desmoralización, todo lo cual hacía que la gente buscara algún modo de sanación espiritual en medio del caos. Se había preparado una base para la aceptación de Reiki, ya que se habían importado desde el Occidente los pensamientos del "New Age". Como consecuencia la aparición en el escenario de la "Nueva Sanación" produjo un eco considerable de parte del público.

A partir de esa ocasión, varias personas viajaron a los países occidentales a fin de recibirse en los niveles superiores. Asimismo, los maestros extranjeros visitaron Japón para enseñar, lo que hizo que nacieran numerosos maestros Reiki dentro de Japón. También se puede señalar que fueron publicados varios libros referidos a Reiki, a fin de dar a conocer los seminarios, expandiéndose la difusión del Método Reiki de manera constante.

Los mencionados anteriormente son los hechos históricos, que observados como una gran corriente, se puede decir que tanto la maestra Mitsui, responsable de la introducción de Reiki Occidental, los maestros extranjeros que visitaron nuestro país, como las entidades y los maestros dedicados a organizar los seminarios mediante las publicidades, son los emisarios de la luz quienes están trabajando para cumplir la misión asignada.

El Japón está atravesando una etapa en la que cada uno de nosotros debemos reflexionar sobre el significado de la vida y llevar a cabo lo aprendido en la vida diaria a fin de elevar nuestras almas, para salvar al país. En ese sentido, el retorno de Reiki a Japón en este momento implica la guía de la existencia de dimensión superior. Para aquellos que se resisten a las religiones, resultará fácil aceptar y simpatizarse con las palabras tales como la luz y la vibración de dimensión superior, el amor y la sanación. Es una oportunidad que se nos concede a nosotros para que una mayor cantidad de gente se contacte con la curación Reiki para experimentar su excelencia.

Si bien hay que reconocer que existen métodos facilistas para su difusión, se revaluará el espíritu del Reiki Tradicional y se creará y crecerá un nuevo método Reiki, fundado en la fusión del Reiki Oriental y del Reiki Occidental.

Pregunta 7: ¿Cuál es la diferencia entre Reiki Tradicional y Reiki Occidental?

"Cuál es la diferencia concreta entre el Método Reiki que sigue la tradición del maestro Usui y el Reiki Occidental que retornó de los EE.UU.?"

El Método Reiki Tradicional se está realizando respetando estrictamente la forma y el procedimiento creados por el maestro Usui. No se lo considera como técnicas sino como el espíritu o pensamiento del maestro, en calidad de un buscador de la verdad.

En cambio, en el Reiki Occidental se transformó en una técnica de curación psicofísica, siendo simplificada y racionalizada mediante el bautismo de los pensamientos occidentales.

El aprendizaje de Reiki Occidental consta de cuatro etapas del ‹Nivel 1› al ‹Nivel 4›, en tanto que en el de Reiki Tradicional el proceso de aprendizaje está conformado por tres etapas: Shoden, Okuden y Shinpiden. La ceremonia de apertura del canal de Reiki es denominado "Transmisión de Energía" en Reiki Tradicional, en tanto en Reiki Occidental se lo denomina "Sintonización" o "Iniciación".

Dado que el proceso de Reiki Occidental es bien conocido, se opta por describir el proceso de Reiki Tradicional en primer lugar.

1   Se seleccionan ciento veinticinco poemas del Emperador Meiji, a los cuales se les da una cualidad de alimento espiritual.

2   Se tiene como base de la consciencia observar los Cinco Preceptos en la vida diaria, esforzándose por elevar la espiritualidad.
3   Se practica la auto-potenciación como el método de auto-purificación y elevación del alma.

Existen las siguientes dos maneras para reforzar Reiki:
1   Realizar el entrenamiento espiritual: Todo ser humano es un microcosmos, que recibe el Gran Espíritu del universo. Cuanto más elevado sea nuestro espíritu, mayor será el gran Reiki que recibamos, de manera tal que se fortalece el Reiki dentro de nuestro cuerpo.
2   Recibir la energía Reiki: La transmisión de la energía es un patrón (modelo) y es el método de desarrollar la capacidad paranormal. Se recomienda asistir a la mayor cantidad de reuniones de práctica que sea posible, para recibir mas transmisiones de energía y fortalecer el Reiki interno.

Las reuniones de práctica se llevan a cabo según el siguiente orden:
1   Disipar todos los pensamientos mundanos. Se recitan los poemas del Emperador Meiji, y se prepara mentalmente para recibir la energía.
2   Sentarse en la forma japonesa, Seiza. Se cierran ligeramente los ojos y se toma una postura distendida.
3   Kenyoku. Se manifiesta el espíritu de ablución, purificando la mente y el cuerpo.
4   Joshin. Respiración purificadora. Se limpia la mente y se respira con quietud concentrando su mente en la región del plexo solar.
5   Gassho.
6   Concentración espiritual. Se toma la postura Seiza y se concentra en la región del plexo solar. El maestro debe realizar la transmisión de la energía en ese estado.
7   Repetir los Cinco Preceptos tres veces. El primero llevado a cabo por el maestro, el segundo por todos en coro, y el tercero con el juramento de observación de los Cinco Preceptos. Se hace voto por la salud y felicidad de uno mismo y de los demás, así como por la paz del mundo.

Al recibir la transmisión de la energía, se les reconoce a los alumnos la complesión de la Etapa de Iniciación, que les permite practicar la sesión de imposición. A media que domine el espíritu de los poemas del Emperador Meiji y practique los Cinco Preceptos del maestro Usui, asistiendo a las reuniones de práctica y recibiendo la transmisión de energía, el Reiki de cada uno se refuerza cada vez más.

Luego de largos años de entrenamiento, se desarrolla la capacidad para practicar Byosen, el método de percepción extrasensorial de enfermedades, método por el que se percibe como una vibración la energía emanada del agente patógeno y sobre la misma se evalúa la condición del paciente y la duración del tratamiento necesario. El método Reiji, donde las manos son llevadas espontáneamente a las partes afectadas y comienzan a transmitir Reiki. Cuando se reconoce que la persona ha alcanzado un determinado grado, se le concede el Nivel de Avanzado y a los que han adquirido mayor capacidad, se le reconoce el Nivel de Maestría. No se puede saber cuántos años se tarda para llegar a este nivel. Si la capacidad no aumenta, no se alcanza al Nivel de Maestría, por más tiempo que se haya dedicado. Este método tradicional permite mantener el alto nivel de los que practican. Se comprende el hecho de que fueran contados los discípulos que alcanzaron el Nivel de Maestría. En efecto, todos los que se han entrenado largamente en Reiki Tradicional tienen altas cualidades humanas, perciben los males del cuerpo como "vibraciones" y sus manos son atraídas naturalmente a las partes afectadas, se dice que "las manos son llamadas".

Reiki Occidental es bastante más simple en comparación con el Reiki Tradicional. Por ejemplo, los alumnos que participan en el seminario del ‹Nivel 1› pueden recibirse del ‹Nivel 2› el día siguiente y del ‹Nivel 3› en la semana siguiente. En estos casos naturalmente no se les puede pedir a estos alumnos que perciban la vibración en las partes afectadas o que sus manos sean atraídas a ellas. Sin embargo, si se colocan las manos en las doce posiciones básicas, estos alumnos pueden curar cualquier parte afectada del cuerpo.

Asimismo, en Reiki Occidental se ha normalizado el tiempo de imposición. Para los que finalizaron el curso del ‹Nivel 1› son cinco minutos para cada parte, y para los del ‹Nivel 2› dos minutos y medio. Son valores empíricos calculado sobre la base del tiempo y las partes de aplicación de Reiki.

Si en un futuro se desarrollara un sensor de manos, que permitiera percibir las partes afectadas, se aplicaría Reiki en esos puntos principalmente, para lograr una terapia Reiki de alta efectividad. Cuando comenté esta posibilidad, la maestra Koyama dijo que sería un método racional.

Como ya hemos visto, Reiki Occidental y Reiki Oriental parecen ser de alguna manera opuestos. Otro punto diferente entre los dos métodos consiste en la manera de su operación. En Reiki Tradicional se adopta el sistema de membresía y se brinda una dirección minuciosa y consejería; en tanto en Reiki Occidental el pilar de la capacitación son los seminarios de corta duración a cargo de un "healer" (curador). Existen pocas escuelas que dan énfasis en la dirección de las prácticas una vez finalizados los seminarios.

Hasta se pueden observar en algunas revistas, publicidades que enfatizan que Reiki se aprende y se cuida solo, de manera que, una vez recibida la Sintonización, no es necesario volver a asistir a los seminarios. Sería ideal si en ese seminario se instruyera a los alumnos de tal forma que un solo seminario fuera suficiente para que los alumnos luego pudieran seguir practicando por su cuenta. Reiki ofrece una entrada fácil para todos; sin embargo, se requiere los esfuerzos y las prácticas de cada uno para elevarse. Es natural que a medida que avancen las prácticas surjan algunas dudas y se necesite intercambios con los demás y re-aprendizaje.

El Método Moderno de Reiki, desarrollado sobre la base del criterio racional de Reiki Occidental, incorporando la esencia de Reiki Tradicional resulta fácil de aprender, debido a la simplificación tanto de las técnicas como del concepto. En este método, se enfatiza la importancia de las prácticas mediante las reuniones mensuales de intercambios. Es nuestro deseo continuar contribuyendo de este modo tanto a la difusión como a la aplicación.

10. Técnicas de Reiki y sus aplicaciones

Pregunta 1: ¿Hasta qué nivel se debe aprender Reiki?

"El Método Reiki tiene desde el ‹Nivel 1› hasta el ‹Nivel 4›. ¿Normalmente qué nivel sería suficiente? Para mí personalmente me resultaría suficiente poder hacer sesiones de curación a mi madre enfermiza."

Las características de cada Nivel del Método Reiki pueden ser resumidas de la siguiente manera:

‹Nivel 1›: Obtener la capacidad curativa y aprender el método de purificación de la energía.

‹Nivel 2›: Aprender la potenciación y la curación que trasciende el tiempo y el espacio.

‹Nivel 3›: Reformarse a uno mismo bajo la guía de la vibración de la dimensión superior.

‹Nivel 4›: Dominar la transmisión de la energía y el método de enseñanza en calidad de maestro de Reiki.

Por consiguiente, el grado de aprendizaje es proporcional a las aplicaciones de Reiki que se desee realizar.

Para las personas cuyo deseo es curarse a sí mismas y a sus familiares, y eventualmente a sus mascotas, les resultará suficiente el ‹Nivel 1›.

En la Terapia Reiki de Usui, luego de haber recibido la transmisión de la energía en el nivel de iniciación, o sea el ‹Nivel 1›, los alumnos tenían que practicar, entrenamiento espiritual y las prácticas de la terapia, durante varios años por su cuenta, así como recibir la energía en las reuniones de entrenamiento reiteradamente, antes de ser permitidos a recibir el ‹Nivel 2›. El ‹Nivel 1› no es una técnica de bajo nivel bajo ningún punto de vista. Sería natural seguir con el ‹Nivel 2›, si se desea alcanzar otro nivel superior habiendo practicado suficientemente el ‹Nivel 1›.

Se recomienda continuar con el ‹Nivel 2› a los que desean "mejorar la capacidad curativa para uno mismo y para un familiar enfermo", "utilizar la técnica de curación a distancia", "superar traumas del pasado" y "aplicar Reiki para crear un futuro promisorio".

El ‹Nivel 3› es recomendable para los que ya están utilizando los símbolos aprendidos en el ‹Nivel 2›, reconocen sus efectos y que tienen una clara voluntad de "perseguir el despertar espiritual, expansión y mejora de la consciencia", ya que dicho nivel se trata de conectarse con la consciencia de alta dimensión mediante los máximos símbolos e integrar a la vida diaria la vibración Reiki mediante la guía y revelaciones, a fin de elevarse.

Por lo tanto, no recomendaría el ‹Nivel 3› simplemente para elevar la potencia de Reiki. Para ello alcanzará el ‹Nivel 2›.

No obstante no se les niega a aquellos que comprenden correctamente la esencia de la energía Reiki y que anhelan elevarse a sí mismos mediante Reiki. Asimismo, serán bienvenidos aquellos que están seriamente interesados en Reiki y desean difundirlo en calidad de maestro.

Pregunta 2: ¿Cómo se desarrolla la visión del aura y la percepción del "Ki"?

"Un amigo mío pueden ver el aura y percibir el "Ki"; en cambio yo no puedo sentirlos. Aunque me han dicho que la curación Reiki puede ser efectiva aun cuando el transmisor no sienta nada, me gustaría desarrollar la capacidad perceptiva. ¿Hay alguna manera de lograrlo?"

Para los que desean ser curadores (healers), cuánto antes adquieran la capacidad de ver el aura y percibir el "Ki", será mas ventajoso.

Aunque no es una condición "sine qua non", el transmisor que durante la sesión puede ver el aura que emana de sus palmas o dedos y percibir la sensación electrizante, o suave y cálida, del "Ki" puede gozar mucho más la sesión que el que no puede ver ni sentir nada especial. Asimismo, la percepción del intercambio de la energía con el receptor y detección sensorial de las partes afectadas pueden contribuir en la mejoría de la capacidad curativa.

Algunos insisten que no perciben nada porque no son sensibles de nacimiento, en realidad son pocos los que no sienten absolutamente nada.

Los que dicen que no ven el aura, no lo pueden hacer porque nunca lo han visto antes. De la misma manera, no sienten el "Ki", por no haber tenido la ocasión de hacerlo.

No es difícil ver el aura, aunque no es posible para los principiantes ver los colores y la forma de un aura que se presenta en varias capas como si fuera un arco iris. Para ello se requiere la experiencia, la cualidad y el nivel de la consciencia. Resulta posible para cualquier persona sin embargo, percibir una parte de la energía vital que se irradia de la punta de los dedos.

Hay gente que dice que resulta más fácil percibir el "Ki" que ver el aura y hay otros que insisten en lo contrario. Sería recomendable probar ambos al mismo tiempo. Si se logra hacer el primero, también se logra el segundo.

Ahora bien, se dice "ver el aura" y "percibir el Ki". ¿Cuál es la diferencia entre el aura y el "Ki"? En realidad, los dos son lo mismo.

Toda existencia (hombre, animal, vegetal y mineral) irradia energía, tal como se decía desde la antigüedad tanto en el Occidente como en el Oriente. Actualmente se puede captar su imagen mediante la fotografía Kirlian y equipos electrónicos. Esta energía denominada prana, aura, "odo", "Ki", magnetismo vital, energía vital, Reiki, Reiko, Genki y otros, es la energía cósmica que circula por el universo y actúa sobre toda la existencia. No es necesariamente la energía de Reiki.

Por ende, ver el aura y sentir el "Ki" es aceptar a nivel sensorial la existencia de Reiki. Se recomienda a los que aprenden el Método Reiki, adquirir y mejorar su capacidad perceptiva.

Método de práctica para elevar la percepción del "Ki".

Se opta por unificar la expresión usando el término "Ki", tales como: ver el "Ki", y percibir el "Ki". La palabra "práctica" no significa concentrarse para lograr algo, sino implica abrir la mente para sentir lo que existe. Solo se debe relajar y esperar hasta sentirlo o verlo de manera espontánea.

Si se cuenta con un buen maestro, no resulta difícil percibir el "Ki". En cambio, para los autodidactos no es fácil. Es que no se dan cuenta a pesar de estar viéndolo, por no haberlo visto nunca antes y no saber dónde y en qué forma se presenta.

Es como los que van a buscar los hongos en el campo por primera vez no los pueden ubicar, sin darse cuenta de que están frente a sus ojos. Si el líder les indica donde se encuentran, se dan cuenta y aprenden cómo buscarlos de ahí en adelante.

Se recomienda seguir el siguiente procedimiento para poder aprender solo:

1   Se toma la posición Gassho para conectarse con la energía Reiki.
2   Se imagina que de todo el cuerpo se irradia "Ki", y se frotan las dos manos hasta que se calienten.
3   Se relajan las muñecas y se agitan las palmas horizontal y verticalmente durante un minuto.

Luego se separan las palmas a unos diez centímetros de distancia y se relaja para que se pueda sentir el "Ki" emanado entre las palmas.

De este modo, más del 80% de las personas pueden percibir el "Ki" de alguna manera. La sensación varía de acuerdo a la persona. Algunos sienten como si estuvieran en contacto eléctrico, otros sienten hormigueo y otros sienten sensación de frío o de calor.

Cuando se perciben cualquiera de estas sensaciones, se debe fijar la atención en las partes donde se ha producido esta sensación, o bien tratar de sentir el "Ki", acercando o alejando las dos manos, así como fijarse entre los dedos o el espacio dejado entre las manos. Luego se extiende una mano contra un trasfondo liso, tal como una pared o un papel de colores, a fin de detectar el "Ki" emanado desde la palma o de la punta de los dedos.

En los primeros momentos conviene probarlo en una semioscuridad, teniendo cuidado de que su propia mano no quede reflejada en el fondo, aunque con la práctica, se llega a verlo en cualquier situación. El color del fondo influye en el grado de facilidad con que se pueda ver el "Ki", por lo que se debe probar varios colores para encontrar el más adecuado.

Una vez probada, la percepción se desarrollará con el tiempo, hasta que finalmente se pueda percibir el "Ki" irradiado por la cabeza o por el cuerpo entero.

Los que no tienen éxito en este procedimiento autodidacto, deben buscar un instructor apropiado para que él prepare un ambiente que facilite la visión del "Ki".

Con respecto del método de práctica para desarrollar y reforzar la capacidad perceptiva del "Ki", se puede referir al capítulo 13 "Sistema de desarrollo de la capacidad del Reiki moderno- Método de desarrollo de la percepción de energía" (página 155).

Pregunta 3: ¿Cuáles son las técnicas de Reiki Tradicional?

"Como técnicas de Reiki Tradicional, existen algunas técnicas especiales, diferentes del Reiki moderno, tales como encantación o sortilegio, o signos simbólicos que se hacen con las manos?"

No existen tales métodos mágicos o secretos. Se han trasmitido métodos científicos. De estas técnicas, algunas han sido difundidas en el Occidente también. El maratón Reiki, el círculo Reiki son dos de sus ejemplos. Generalmente hablando, las técnicas adoptadas en Reiki Occidental son las que pueden ser aprendidas por cualquier persona; en tanto que las de Reiki Tradicional son aquellas que sólo pueden ser dominadas por las personas que han alcanzado cierto nivel. Se puede conjeturar que la totalidad de las técnicas de Reiki tradicional habían sido transmitidas a los maestros Hayashi y Takata, y que fueron abandonadas paulatinamente las que requerían alta capacidad, en el proceso de difusión en los EE.UU.

Por ejemplo, la técnica de percepción extrasensorial referida en el capítulo 9, Pregunta 7, una de las tres técnicas principales de la Terapia Reiki Tradicional, no puede ser aplicada por más aprendizaje que haya realizado, si no se llega a desarrollar la percepción de las manos como para sentir las vibraciones emanadas del agente patógeno. Lo mismo puede decirse del método Reiji. No puede ser aplicada dicha técnica si las manos no son "llamadas" por las partes afectadas.

Por otro lado, hay técnicas que pueden ser aplicadas sin necesidad de tanta capacidad o tantas prácticas, como por ejemplo, la de potenciación de Reiki o la de percepción de energía, sobre las que se explicará detalladamente en el capítulo "Método de auto-purificación y auto-crecimiento".

Algunas de las técnicas de Reiki Tradicional son las siguientes: terapia de "tanden" (plexo solar), terapia umbilical, método de cambio de sangre (de la mitad del cuerpo y de cuerpo total), método de exhalación, método de fijación de mirada, terapia de golpes de manos, terapia de masaje de manos, terapia de presión de manos, terapia sobre hábitos.

Pregunta 4: Información sobre los símbolos.
"He comprobado que los símbolos tienen un poder extraordinario. Quisiera saber si hay otros símbolos que pueden ser aplicados, además de los cuatro aprendidos."

Los símbolos tienen aplicaciones muy amplias para expandir el uso de Reiki. Especialmente los Símbolos de Maestría son considerados como sagrados, ya que evocan la Existencia Suprema en el Occidente. Lo que debe ser aclarado es que los símbolos por sí no son una Deidad ni la Existencia Suprema. Los símbolos tienen valor por su función de contactar con la vibración cósmica. Si se eleva la consciencia de la persona para alcanzar al nivel de sintonizar con el macrocosmos de manera constante, la persona misma se ha convertido en un símbolo que se sintoniza con el macrocosmos y las palabras pronunciadas por él son los "Kotodama". Por lo tanto, esa persona no necesita recurrir a los símbolos.

Atribuir un valor especial a los símbolos y depender de ellos sería un acto de idolatría. Se recomienda abandonar símbolos y los "Kotodama", una vez adquirida la capacidad de aplicarlos. Es una barrera que debe ser salvada tarde o temprano, para superar el límite. Perseguir nuevos símbolos o algún proceso secreto o misterioso, sería elegir un camino equivocado. Sería diferente si se desea perseguir alguna religión esotérica.

Pregunta 5: ¿Cuál es la meta final de Reiki?
"He aprendido que existen cuatro niveles en el Método Reiki con sus características. Una vez aprendidos los cuatro niveles, ¿cuál es la meta final de Reiki?"

Si se observa el Método Reiki como una corriente, cada nivel tiene su meta. La del ‹Nivel 1› es aprender la técnica de imposición y curar los desequilibrios psicofísicos. La meta del ‹Nivel 2› consiste en depurar y eliminar el karma del pasado y crear un futuro. La del ‹Nivel 3› es vivir una vida diaria envuelta de luz. Lo que se persigue finalmente a través de estos niveles no es otra cosa que alcanzar la iluminación.

La iluminación (Satori) a la que se refiere en el Método Reiki Moderno no es la misma iluminación que se persigue en las religiones. Se trata de lograr un máximo estado de relajación. Los desequilibrios originan tensión, bloqueo, congestión, estrés y estancamiento de la energía. La relajación máxima es la llave que disuelve y libera estos bloqueos y conduce al equilibrio. Lo que impide la relajación es el temor, la tristeza y la ira. Todos estos sentimientos de auto-defensa traen aparejada una tensión excesiva. En ese estado está ausente la consciencia de que el macrocosmos es el que lo hace vivir y lo guía a uno.

Para lograr la máxima relajación, es necesario creer en el macrocosmos y dejar todo en él, logrando una vida diaria que se sintonice con el ritmo cósmico. Ese es el estado alcanzado por el maestro Usui y descripto por él como "El Reiki cósmico y el Reiki interno se sintonizan, logrando la unificación de uno mismo con el universo".

El maestro Usui dividió en seis rangos según la capacidad a todos los miembros de la Academia de Terapia Reiki de Usui. Concedió el sexto rango a todos aquellos que finalizaron Shoden, o sea el ‹Nivel 1›. Otorgó Okuden a los que alcanzaron el tercer rango. El maestro se ubicó a sí mismo en el segundo rango, dejando vacante el primer rango, esperando que en el futuro aparezca una persona que lo superase y al mismo tiempo indicando a sus discípulos que continuaran ese proceso sin límite de prácticas. De este modo el maestro Usui enseñó a sus discípulos el correcto camino de vida y de pensamiento.

En cuanto a cómo llevarlo a la práctica, no es posible referirme en este libro, por la limitación del espacio. Brindaré oportunamente una explicación detallada para los que les interesa el tema.

TERCERA PARTE

TÉCNICAS PARA LA AUTO-PURIFICACIÓN Y CRECIMIENTO

Para el mejoramiento del Método Reiki y la elevación de uno mismo

11. Método de auto-purificación por Reiki.

◊ TÉCNICA DE "DUCHA" REIKI.

La "ducha" Reiki es una técnica por la que se baña todo el cuerpo con la energía Reiki, a fin de purificarlo y activar el cuerpo energético.

Esta técnica puede ser usada en cualquier lugar, como técnica para purificarse y elevar la consciencia. Asimismo, es efectiva como método de purificación del aura de uno mismo y posibilita experimentar el efecto de meditación.

1. Se toma una postura cómoda, ya sea sentado o parado. Aquí se explica para el caso de estar parado. Se cierran o se entornan los ojos y se respira naturalmente, sin reparar en ello.
2. Se pone en posición Gassho, luego se elevan las dos manos abiertas, imaginándose que las vibraciones (la luz) de Reiki lo están bañando como si fuera una ducha. Al mismo tiempo hace resonar en el centro del cuerpo la imagen del Cuarto "Kotodama" en el caso de los que han finalizado el ‹Nivel 3›, y el Primer "Kotodama" en el caso de los del ‹Nivel 2›.
3. Se deslizan las manos con las palmas hacia uno mismo, desde la cabeza hacia la parte frontal de todo el cuerpo, sintiendo el eco y las vibraciones de Reiki, a fin de inducir que se elimine la energía innecesaria, por medio de la confluencia de la ducha Reiki y el Reiki emanado de las manos. De esta manera fluirá desde los pies hacia el exterior la energía negativa y todo lo negativo. Al cabo de repetirlo varias veces, cada célula del cuerpo es alcanzada por la luz de Reiki, llenándose de ella especialmente los ojos, las manos y la boca.
4. Gassho para terminar.

Pueden realizar el autotratamiento y el tratamiento a los demás, con las manos llenas de luz y con el cuerpo revitalizado de este modo. Cuando se efectúa esta técnica antes y después del tratamiento, no es necesario purificar el aura de uno mismo.

◊ **MÉTODO DE RESPIRACIÓN DE LA LUZ.**

Este método es una técnica modificada del Método de Respiración Purificadodra, un punto importante dentro del Método de Potenciación de Reiki, para que sea más accesible de practicar. Es altamente efectivo para eliminar la tensión innecesaria y el estrés, así como para purificar la mente y el cuerpo.

1   Se toma una postura cómoda, ya sea sentado o parado. Aquí se explica para el caso de estar sentado en una silla. Se cierran o se entornan los ojos y se respira a ritmo natural y lento. Se inhala y exhala por la nariz, aunque de resultar más cómodo, puede hacerlo por la boca. Lo más importante es estar cómodo y natural.

2   Se toma la postura Gassho y se aquieta la mente.

3   Se elevan las dos manos abiertas, sintiendo que las vibraciones de la luz de Reiki fluyen hacia todo el cuerpo desde las manos.

4   Se bajan las manos lentamente, sintiendo las vibraciones de la luz, y se las coloca sobre los muslos. Se colocan las manos con las palmas hacia arriba y se cierran ligeramente como si estuviera sosteniendo huevos en ellas. Se concentra la mente en el plexo solar y se observa su propia respiración.

5   Se inhala imaginándose que "la energía Reiki que es una luz blanca, está fluyendo desde la coronilla y colma el cuerpo empezando por el plexo solar" y sintiendo que cada célula, envuelta por la luz de Reiki, se va sanando. Al exhalar, se imagina que "la luz que colma el cuerpo sale de éste pasando por la piel, expandiéndose infinitamente como aura", aflojando todo el cuerpo eliminando la tensión. Se repite este proceso varias veces.

6   Gassho para terminar. Una vez finalizado, se agitan las dos muñecas vigorosamente.

Al principio resulta más fácil hacerlo con los ojos cerrados. Con las prácticas, puede llegar a poder practicarlo con los ojos abiertos y aun caminando. Podría hacerlo mientras viaja en tren o espera ser servido en una confitería. Se debe evitar practicarlo mientras conduce el automóvil o anda en bicicleta. Si hay gente alrededor, se mantiene una postura natural y practica solamente el paso (5). Por menor tiempo que se dedique, si lo practica diariamente, se va purificando de modo constante la mente y cuerpo.

Si por algún motivo sufre un desequilibrio mental o cuando surge un pensamiento negativo: enojo, tristeza, temor y otros, se recomienda colmar inmediatamente el cuerpo y la mente con la luz de Reiki.

No es necesario pensar de manera consciente que los pensamientos negativos se desvanecen. Al sólo llenarse de la luz blanca de Reiki lo negativo se desvanece, ya que la oscuridad y la luz no pueden coexistir.

◊ **MÉTODO DE RESPIRACIÓN CON LAS MANOS EN POSICIÓN GASSHO.**

Es una técnica modificada del Método de Concentración Mental, la esencia del Método de Potenciación de Reiki, para que sea más accesible de practicar. Cuando se alcanza el nivel de destreza, es posible mantener la frescura psicofísica y la consciencia alta y estable, eliminando los pensamientos superfluos y entrar en el perfecto estado de "selflessness". Asimismo, se eleva la capacidad perceptiva y la receptividad, como así también se desarrolla la sensibilidad de las manos.

1   Se toma una postura cómoda, ya sea sentado o parado. Aquí se explica para el caso de estar parado. Se cierran o se entornan los ojos y se respira a ritmo natural y lento.

2   Se toma la postura Gassho y se aquieta la mente.

3   Se elevan las dos manos abiertas, sintiendo que las vibraciones de la luz de Reiki fluyen hacia todo el cuerpo desde las manos.

4   Se bajan las manos lentamente, sintiendo las vibraciones de la luz, y se juntan las palmas de las manos en frente del pecho, ligeramente más arriba que el corazón. Tomando la postura Gassho, se concentra la consciencia en el plexo solar.

5   Inhalando se imagina que "Reiki está fluyendo desde las palmas y está colmando el plexo solar". Luego exhalando se imagina que "el Reiki que colma el plexo solar se está irradiando vigorosamente desde las palmas hacia afuera". Se repite el proceso varias veces.

7   Gassho para terminar. Una vez finalizado, se agitan las dos muñecas vigorosamente.

◊ **MÉTODO DE RESPIRACIÓN PARA ACTIVAR LOS CHAKRAS.**

Es una técnica para hacer circular la energía Reiki por todo el cuerpo con la respiración, con el objeto de purificar el cuerpo y activar el cuerpo energético. Permite experimentar el efecto de meditación.

1   Se toma una postura cómoda, ya sea sentado o parado. Aquí se explica para el caso de estar sentado en una silla. Se cierran o se entornan los ojos y se respira a ritmo natural y lento.

2   Gassho y luego se elevan las dos manos abiertas, sintiendo que las vibraciones de la luz de Reiki fluyen enérgicamente en todo el cuerpo desde las manos.

3   Se bajan las manos y se practica la respiración abdominal, con la inhalación se infla el vientre y con la exhalación se desinfla el vientre, varias veces relajando todo el cuerpo.

4   Se imagina que en cada inhalación, el Reiki fluye dentro del cuerpo desde la coronilla y la luz llega a cada célula, siendo colmado de ella todo el cuerpo. En cada exhalación se imagina que fluye hacia afuera del cuerpo toda la tensión y pensamientos negativos. Luego de repetir esta respiración durante un rato, se imaginan las posiciones de los siete chakras (Ver el cuadro y la figura de las páginas 137 y 138) y practica la Respiración Activadora de los Chakras de la siguiente manera:

5   Primero se practica la respiración básica (método de respiración 1, 4 y 7).

    (1)   Al inhalar, hace fluir la energía Reiki desde el chakra 1 (cóccix) y colma con la misma el chakra 4 (corazón). Al

(2) Al inhalar concentra la energía en el centro del chakra 4 desde adelante, atrás, derecha e izquierda del cuerpo y con la exhalación hace fluirla fuera del cuerpo desde el chakra 7.

exhalar, la hace fluir hacia fuera del cuerpo desde el chakra 4, esparciéndola desde el centro del chakra 4 hacia adelante, atrás, derecha e izquierda del cuerpo.

(3) Se inhala desde el chakra 7, y colma el 4; con la exhalación se hace fluir desde el 4.

(4) Se inhala desde el chakra 4, y se hace fluir hacia afuera con la exhalación desde el 1.

El proceso descripto es una secuencia. Se repite tres veces dicha secuencia y luego se pasa a la siguiente etapa. Este proceso se denomina Método de Respiración Básica, ya que se revitalizan los chakras 1, 4 y 7 simultáneamente.

Chakra	Posición	Significado	Símbolo
1	Cóccix	Sobrevivencia	Raíz
2	Plexo solar	Sentido	Centro
3	Región gástrica superior	Potencia	Emoción
4	Región cardíaca	Sentimientos	Amor
5	Garganta	Comunicación	Pureza
6	Entrecejo	Visión	Percepción extrasensorial
7	Coronilla	Espíritu	Iluminación

Aunque existen varias teorías sobre las posiciones de los chakras. En este libro se practica la respiración en base del cuadro arriba descripto, sobre la hipótesis de que los mismos se encuentran alineados a lo largo del eje del cuerpo humano.

Posiciones de los chakras

1. Cóccix
2. Plexo solar
3. Región gástrica superior
4. Región cardíaca
5. Garganta
6. Entrecejo
7. Coronilla

6 Seguidamente se practica el Método de Respiración Activadora de los Chakras. Básicamente se repite el mismo procedimiento que el Método de Respiración Básica de 1, 4 y 7.
  (1) Se inhala del chakra 1 y se exhala del chakra deseado, se inhala del mismo y se exhala del chakra 7.
  (2) Se inhala del 7 y se exhala del 1. Luego se traslada al chakra siguiente.

Los chakras objeto siguen el orden del 4, 2, 3, 5 y 6. Quiere decir que luego de la respiración del 1, 4 y 7, se prosigue la respiración 1, 2 y 7; la respiración de 1, 3 y 7; y la de 1, 5 y 7; y por último la de 1, 6 y 7.

7 Por último se practica la respiración (5) (Respiración Básica) y Gassho para terminar.
   Cuando se desea realizar alguna actividad, en lugar de acostarse a dormir una vez finalizado el proceso, se deben agitar las muñecas en sentido vertical y horizontal, a fin de aclarar la consciencia.

8 Se puede repetir la Respiración Básica solamente, cuando no se dispone de suficiente tiempo.

12. Técnica de auto-crecimiento por Reiki.

◊ **TÉCNICA DE REVITALIZACIÓN DE LAS CÉLULAS.**

Es una técnica de sanación para revitalizar todo el cuerpo, enviando la energía de Reiki a las partes desequilibradas.

1. Se toma una postura cómoda, ya sea sentado o parado. Se cierran los ojos ligeramente, se endereza la columna vertebral, y se colocan las manos sobre los muslos con las palmas hacia abajo.
2. Gassho y luego se elevan las manos abiertas, imaginándose que las vibraciones de la luz de Reiki fluyen hacia todo el cuerpo desde las manos.
3. Se bajan las manos, sintiendo las vibraciones de la luz, y practicando la respiración abdominal, se traslada la atención (los ojos del corazón) desde la coronilla hacia abajo lentamente, haciendo la "exploración" (scanning) en todo el cuerpo. Seguidamente se repite la exploración desde el principio, y al detectarse alguna parte con desarmonía, se les dice a esas células mentalmente, enviándoles Reiki con la exhalación: "Les agradezco que me hayan dado la oportunidad de darme cuenta. Estoy aprendiendo el amor y la armonía con la guía de Reiki. Por favor colaboren conmigo mediante sus funciones originarias, para que pueda completar mi aprendizaje". Luego se continúa con otras partes, repitiendo el mismo proceso si se encuentran partes en desarmonía.
4. Cuando se alcance cierto nivel de destreza, se siente que la luz blanca de Reiki fluye hacia las partes afectadas y las envuelve, y al dirigirle la palabra de agradecimiento, o bien cuando la luz blanca toca esas partes, se realiza la sanación.
5. También se puede hacer lo mismo, luego de colocar las palmas de las manos hacia uno mismo deslizándolas desde la cabeza a lo largo del lado frontal del cuerpo, y al detectarse las partes afectadas, en lugar de realizar la exploración mediante la consciencia.
6. Al finalizar todo el proceso, Gassho para terminar.

◊ MÉTODO "NENTATSU". DESPROGRAMACIÓN.

Es una técnica para hacer llegar a sus propios pensamientos a su subsconsciencia usando como vehículo las vibraciones de Reiki.

1   Gassho y luego se elevan las manos abiertas, sintiendo que las vibraciones de la luz de Reiki fluyen vigorosamente hacia todo el cuerpo desde las manos.
2   Se bajan las manos, sintiendo las vibraciones de la luz, se coloca una mano en la frente y la otra en la parte posterior de la coronilla. Se enfoca la consciencia en la mano colocada en la frente y con el corazón limpio hace llegar a su subconsciencia mediante la energía Reiki, el "Kotodama" que dice "Me uno al Macrocosmos, la Gran Vida y la gran Existencia".
3   Seguidamente hace llegar a la subconsciencia con las vibraciones de Reiki los aspectos de su personalidad, hábitos o costumbres que desea corregir.
4   Luego se separa la mano de la frente, la coloca encima de la otra mano puesta en la parte posterior de la cabeza y se envían las vibraciones Reiki por unos minutos.
5   Este proceso puede ser llevado a cabo tanto para uno mismo como para los demás. Cuando lo practica para los demás, se debe informar acerca de los deseos del receptor, para no obrar en contra de su voluntad.
    Si se realiza esta técnica solo sin ayuda de otras personas, es más efectivo practicarla en varias sesiones, en lugar de continuar durante largo tiempo.
6   Es posible enviar por este método, las palabras de Afirmación de la que se detallarán en las próximas páginas.

◊   **MÉTODO DE AFIRMACIÓN.**
    DECLARACIÓN AFIRMATIVA SOBRE UNO MISMO.
    La afirmación significa una declaración de que vivir en forma positiva, es una promesa con uno mismo.
    Es una técnica para crear una visión de uno mismo que desea ser, y tratar de convertirla en realidad para que la vida sea digna de ser vivida. Se debe enfocar en ella constantemente hasta alcanzar la meta, vertiendo la energía Reiki en la misma dirección tanto en la consciencia superficial como la subconsciencia.
    Si tuviéramos el problema de que a pesar del deseo de vivir una vida positiva y de los esfuerzos hechos por realizarlo, la vida

real no coincide con nuestro deseo, sería menester escuchar la voz de nuestra subconsciencia. Si nuestra subconsciencia nos estuviera insistiendo constantemente: "No valgo nada", "Nadie reconoce mis méritos", "No vale la pena esforzarme", "No me van a salir bien las cosas". "Es mejor resignarme", nuestros esfuerzos serían en vano. El Método de Afirmación consiste en reemplazar esta cinta grabada por otra de mensajes positivos y creativos.

Cuando reflexionamos y observamos nuestro interior, nos damos cuenta con sorpresa que nuestras experiencias y sentimientos del pasado están impresos, formando un patrón de pensamiento, registrando lo opuesto a lo pensado por nuestra consciencia. Especialmente en nuestra niñez aceptamos los valores de los padres y maestros sin criticarlos, los que luego quedan impresos en nuestra subconsciencia. Estas impresiones forman una barrera que impide el ingreso de los pensamientos nuevos y positivos de la consciencia.

Existen varios métodos para averiguarlo, tales como psicoterapia, Método "Naikan" (observaciones internas), técnicas hipnóticas y otras terapias. Son efectivos y sería bueno que las experimentara; sin embargo, son técnicas especializadas que no pueden ser practicadas por sí solo.

El Método de Afirmación, combinado con el Método Nentatsu y el Método de Meditación Reiki, posibilita, sin recurrir a esas técnicas, recuperar nuestro propio yo originario para vivir de manera creativa.

Por más profundo que estén grabados en la subconsciencia los pensamientos negativos, no están grabados en el alma y simplemente el brillo del alma están interceptadas por dichos pensamientos negativos. La consciencia superior que se encuentra en una profundidad mayor que la subconsciencia sabe perfectamente lo que hay que hacer en la vida. Por eso, si se eligen las palabras de la Afirmación que tenga un verdadero valor para uno mismo, se transmite las vibraciones del alma.

Las palabras de la Afirmación tienen que representar la voz de su propia alma, y no las palabras prestadas por otros. Al principio se puede tomar prestadas algunas expresiones de otras personas, que sean aceptables y que tengan un eco con el alma de uno mismo. A medida que se desarrolla la capacidad perceptiva, le resultará posible captar lo que surge en el interior de uno. Si descubre que las palabras elegidas no son las que tienen eco en su alma, las mismas pueden ser reemplazadas por otras.

El objeto de la Afirmación puede ser material o espiritual, porque toda la existencia sobre la tierra constituye un todo completo y armonioso. Se recomienda practicar con curiosidad intelectual. A medida que avance en el entrenamiento, sabrá espontáneamente el método y el nivel más efectivo para cada uno.

Primero se imagina el uno mismo que desea ser, y se envía esa imagen a la consciencia superior que está en el fondo del corazón, usando la energía Reiki como el vehículo que la transporta. Se concentra ligeramente en la consciencia superior (se puede colocar una mano en el pecho), y repiten las palabras de Afirmación.

No se debe tratar de cumplir los deseos mediante la concentración, aunque se ven algunas publicidades sobre las técnicas para alcanzar los deseos por medio de la fuerza mental. Es posible obtener algo deseado mediante la concentración mental, pero si ese deseo no coincide con las leyes cósmicas, por ejemplo es un obstáculo para su aprendizaje necesario, ello causaría una nueva desarmonía.

Por ende, la Afirmación no es una técnica para crear una situación ventajosa para uno mismo o para que se cumpla sus deseos, sino que es para recuperar a uno mismo que sintonice con las vibraciones del macrocosmos.

Se trata de diluir "lo que impide que sea lo que uno desea ser" para lograr una mayor armonía. No se trata de cambiar a otros o las circunstancias, sino que se trata de cambiar uno mismo. Si siente que los otros han cambiado o la circunstancia que lo rodea, es que esa misma persona ha evolucionado para poder sentir de esa manera.

Se recomienda usar las palabras de Afirmación en tiempo presente como si ya hubiera cumplido su deseo (soy, estoy) o presente continuo (esta...), como si estuviera lográndolo, en lugar de modo volitivo (quisiera...).

Es por que la expresión de deseo "quisiera" implica que reconoce y enfatiza que no es así en realidad. Resulta altamente efectivo adoptar la técnica de Afirmación en la Meditación Reiki y hacer resonar con los símbolos y los "Kotodama", para recibir la inspiración de la Existencia de altas dimensiones. A continuación, se detallan algunos ejemplos de las afirmaciones:

- Yo soy alegre, vigoroso, positivo y creativo.
- Estoy envuelto por la luz de Reiki, y mejorando día a día.
- Reiki guía a todos hacia la armonía y riqueza.
- Yo estoy trabajando en algo que realmente me gusta. Lo estoy logrando gracias a la ayuda de Reiki.
- Yo soy el otro ser del macrocosmos. El macrocosmos me respalda constantemente. Yo soy un ser brillante envuelto por el amor y la luz.
- Todo lo que necesito en la vida está dentro de mí. Puedo extraerlo y usarlo cada vez que lo necesite.
- Estoy mejorando constantemente en todos los aspectos. (Émil Coueé)
- Desde este momento, yo me abro y voy entrando en una inteligencia, sabiduría y conocimiento nuevos y más profundos. "Higher Self Affirmation" de Neo Reiki.
- Invito la luz de Dios interno. Yo soy el canal limpio y perfecto de la luz. La luz me guía. "Crystal Healing" de Del Walker.
- He adquirido el coraje para cambiar lo que es posible, la tolerancia para aceptar lo que es incambiable y la inteligencia para discernirlos. Gracias a ello, estoy reformándome a mi mismo y evolucionando. "Rezo para la Paz".

◊ **MÉTODO DE MEDITACIÓN REIKI.**

Los que ya tienen el hábito de la meditación, pueden seguir con él, pero se recomienda usar los símbolos. Ello hará que las vibraciones de altas dimensiones les envuelvan y creen un sitio de paz y tranquilidad que no permite el acceso a las vibraciones bajas.

Aunque es efectivo usar los símbolos antes y después de la meditación; sin embargo se debe tener cuidado de no estar pendiente de los símbolos durante la meditación, ya que ello no está acorde a la esencia de Reiki (sintonizar con Reiki y dejar todo a él).

Se explica a continuación el proceso de la meditación que, practicada junto con la Afirmación a la mañana y a la noche, permite percibir la elevación de la consciencia.

1   Se toma una postura cómoda, ya sea sentado o parado. Aquí se explica para el caso de la postura sentada.
2   Se dibuja en el aire el Cuarto Símbolo los recibidos en el ‹Nivel 3›, el Primer Símbolo los recibidos en el ‹Nivel 2›, y repiten tres

veces los "Kotodama". (Los que todavía no habían recibido los símbolos, se deben purificar mediante la ducha Reiki.)

3 Se abren los brazos y se los elevan sobre la cabeza, se colocan las palmas hacia arriba para contactarse con el Macrocosmos, sintiendo que Reiki cósmico cae en todo el cuerpo como si fuera una ducha, se une con el Reiki irradiado de las palmas y envuelve todo el cuerpo.

4 Se cierran los ojos y se colocan las manos en posición Gassho lentamente, sintiendo las vibraciones de la luz en las palmas. Las puntas de los dedos deben estar extendidos verticalmente para que funcionen como antena para la comunicación con el universo, colocando el dedo medio a la altura del chakra de la frente (entrecejo) y el dedo gordo a unos tres a cinco centímetros de la punta de la nariz para sentir la unión con la energía cósmica. Se se siente alguna tensión en esta postura, se afloja dicha tensión y se relaja. Se mantiene esta postura por un rato, preservando la imagen de la respiración por las muñecas y las manos. Cuando se profundiza la meditación, las manos pueden descender espontáneamente hasta la altura de la boca, y las palmas pueden formar cuenca con los dedos abiertos. No hay que preocuparse por ello.

5 Seguidamente se mueven lentamente las dos manos, se eleva ligeramente la mano izquierda y se coloca la derecha sobre el muslo derecho con la palma abierta hacia arriba. En caso de personas zurdas, se eleva la mano derecha y se coloca la mano izquierda sobre el muslo.

Esta postura permite absorber la energía cósmica con la mano levantada y con la otra la irradia. Se puede disfrutar la sensación de la circulación de la energía dentro del cuerpo. Si hay alguna parte afectada, coloque la mano derecha en esa parte.

6 Se baja la mano levantada lentamente y la coloca sobre la rodilla. De este modo las dos manos están colocadas sobre los muslos con las manos ligeramente abiertas con las palmas hacia arriba. (Se puede formar un anillo con el dedo gordo y con el índice.)

En esta postura, se siente el amor y la armonía del universo, y se disfruta el intercambio con la Existencia de altas dimensiones.

7 Para lograr mayores efectos, se coloca una mano (puede ser cualquiera) sobre el corazón, y realiza la Afirmación, enviando el Reiki hacia la consciencia superior. También se puede realizar la Afirmación colocando las manos en la frente y en la parte posterior de la cabeza.

8 Gassho y luego se abren los ojos lentamente.

13. Sistema de desarrollo de la capacidad del Reiki Moderno.

◊ CONCEPTO DEL MÉTODO DE REIKI MODERNO.

Tal como se ha afirmado anteriormente, la meta final del Método de Reiki Moderno es la Iluminación. La Iluminación en el Método de Reiki Moderno consiste en la relajación máxima, lo que significa la sintonización del ritmo de la vida diaria con el del universo. El sistema de desarrollo de la capacidad y de la espiritualidad del Método de Reiki Moderno persigue ese punto. Ello permite mantener sanos el cuerpo y la mente, purificar y eliminar los karmas del pasado y crear un futuro claro y brillante.

Lo esencial para lograr ello es vivir cada momento con la consciencia correcta, con la guía de Reiki y ello conduce a la aplicación máxima de Reiki.

En este libro no hay disponibilidad de espacio suficiente para explicar cada uno de estos procesos; sin embargo, a continuación brindaré una sucinta explicación sobre las teorías y procedimiento de las tres grandes técnicas para purificar la consciencia y elevar el nivel de las vibraciones, que son el "Método de Respiración por Vibraciones", el "Método de Meditación por Reiki" y el "Método de Auto-potenciación", así como la curación por auto-purificación y el método de desarrollo de la percepción de energía.

◊ **TODA LA EXISTENCIA ES VIBRACIÓN ENERGÉTICA.**
El universo está formado de vibraciones. La ciencia moderna ha arribado a la conclusión de que "toda la existencia en el universo son las mismas vibraciones con diferentes frecuencias".

Creemos en la existencia de la sustancia, pero al dividirla en las moléculas, átomos y partículas elementales, no estamos seguros de dónde existen los mismos y a nivel de cuántos, no estamos seguros de su existencia. Es justamente el principio de incertidumbre de la física cuántica, según el cual la sustancia es materia (partícula) y a la vez ondas (vibraciones).

Es también energía. La sustancia puede ser convertida en una gran cantidad de energía mediante la reacción nuclear; y la energía puede ser convertida en sustancia. Asimismo, nuestra consciencia y pensamiento son vibraciones y a la vez energía.

En síntesis se puede resumir lo siguiente:

1   El universo está constituido por vibraciones y toda la existencia tiene una misma naturaleza, con diferentes frecuencias.
2   Las vibraciones son energía.
3   La consciencia son vibraciones y es energía.
4   La consciencia del hombre afecta a otro ser. Dado que toda la existencia son vibraciones, la consciencia que es una vibración puede afectar a toda la existencia. El Método de Reiki Moderno, basado en estos principios, persigue sintonizar con la existencia suprema, el cuerpo de la conciencia superior que es el origen de la energía cósmica, y ser guiado por ella.

◊ **MÉTODO DE RESPIRACIÓN POR VIBRACIONES.**
Todos sabemos que nuestras respiraciones se alteran según nuestro estado anímico. Cuando estamos relajados y tranquilos psíquica y físicamente, nuestras respiraciones son lentas y profundas; en tanto que cuando estamos intranquilos, preocupados o nerviosos, ellas son menos profundas y más aceleradas. Es un estado que expresamos como que "se nos corta la respiración", literalmente dejamos de respirar por un instante. El carácter japonés de origen chino que representa el "aliento" está compuesto de dos partes: la superior significa el uno mismo y la inferior, el corazón, o

sea, el carácter puede significar el corazón de uno mismo. Se dice que el hombre puede vivir varias semanas sin alimentos, unos días sin agua, pero no puede vivir más que unos minutos sin respirar. El sistema nervioso autónomo controla la respiración, para que el hombre respire sin estar consciente. Al mismo tiempo el sistema nervioso motriz controla la respiración consciente. Está comprobado empíricamente que la respiración además de la función de inhalar el oxígeno y exhalar el dióxido de carbono, al mismo tiempo, tiene el rol de interruptor que conecta la consciencia y subconsciencia. El hecho de que el estado anímico altera la respiración se debe al intercambio de informaciones transmitidas como señales entre la consciencia superficial y la subconsciencia.

La efectividad del Método de Respiración radica en el hecho de que la respiración en sí es una vibración, tal como toda la existencia son vibraciones y es posible alterar las ondas vibratorias de uno mismo por medio de las ondas vibratorias generadas por la respiración y hacer que la misma sea un sintonizador que sintoniza con las ondas vibratorias de altas dimensiones.

Sobre todo, el Método de Respiración por Vibraciones, permite generar las ondas vibratorias finas mediante la exhalación "ja", aumentando la efectividad. Es un sonido respiratorio original que tiene la humanidad desde antes de adquirir la lengua, que tiene un poder misterioso que se comunica y sintoniza con la energía cósmica. En el Método de Reiki Moderno, lo ha adoptado en su Método de Respiración por Vibraciones, para aplicarlo en el desarrollo de la capacidad. Es un método respiratorio fácil de practicar, ya que lo único que debe tener en cuenta es la exhalación "ja". Sin embargo, con esta explicación solamente, no resultará tan fácil practicarlo. Explicaré sucintamente el proceso. Lo más importante es estar relajado.

1   Se toma una postura cómoda, ya sea sentado o parado. Una vez adquirido cierto nivel de práctica, puede ser practicada mientras viaja en el tren, tomado del pasamanos. Se recomienda evitar practicar acostado al principio, ya que uno tiende a dormirse. Sin embargo, se puede practicar al despertarse a la mañana o antes de dormir en la cama a la noche. Aquí se toma como ejemplo la posición sentado en una silla.

2   Se sienta en una silla bien relajado, con las piernas ligeramente abiertas. No debe usar ni el respaldo ni los apoyabrazos. Se colocan las manos sobre los muslos con las palmas hacia arriba. Se quitan los zapatos y medias y se apoyan las plantas de los pies en el piso.

3   Se cierran o se entornan los ojos. Se quita la tensión en la frente, los ojos, el cuello y los hombros, y se exhala de la boca, diciendo "ja", como suspirando, prolongando el sonido vibratorio lo máximo posible. Al principio puede durar solamente unos diez segundos. Se debe tratar de prolongar el tiempo paulatinamente, sin forzarse. Puede tener la meta de treinta segundos primero y luego de cuarenta. Al poder aguantar durante cuarenta segundos, la meta ha sido alcanzada.

4   Se concentra en la exhalación emitiendo el sonido vibratorio y al terminar de exhalar hasta el límite, se afloja el vientre que está endurecido. Al hacer esto, entra el aire de manera espontánea, permitiendo la inspiración. Este método respiratorio es una respiración abdominal profunda, aunque no se esté pensando en hacer la respiración abdominal o de plexo solar. Existen métodos por los que se retiene el aliento al cambiar de inhalación a exhalación y viceversa, pero en este método cuyo objetivo es diferente, no se retiene el aliento, sino que se debe tratar de trasladar de una a otra con la mayor suavidad posible. Se debe tratar de generar un sonido vibratorio uniforme al exhalar.

5   Al principio se recomienda practicar con la boca bien abierta, a fin de hacer resonar el sonido en la cavidad bucal. Es un buen método de práctica cubrir con una mano el lado posterior de la oreja y con la otra la boca, y emitir el sonido vibratorio "ja", para escuchar y verificar ese sonido. También es efectivo probarlo cuando se está bañando.

6   El Método de Respiración por Vibraciones produce varios efectos fisiológicos al igual que la respiración abdominal. Revitaliza las funciones de los órganos mediante el movimiento vertical del diafragma, estimula la circulación sanguínea por el aumento de la toma del oxígeno, mejora el

metabolismo, estimula las funciones del sistema nervioso autónomo, mejora la secreción hormonal y la capacidad inmunológica, eleva la energía activa, posibilita la estabilidad mental por medio de una profunda relajación. Estas son algunas de las ventajas que produce este método respiratorio.

7 Este método, además contribuye a generar las vibraciones que hacen sintonizar los chakras, revitaliza los chakras de todo el cuerpo y crear una nueva situación mediante la sintonización con la vibración de la consciencia.

8 Es necesario emitir el sonido vibratorio "ja" al exhalar, hasta que se adquiera la base; una vez adquirida la destreza necesaria, basta imaginarse el sonido vibratorio al exhalar, para lograr los mismos efectos.

El Método de Respiración por Vibraciones es una técnica básica para desarrollar y elevar la capacidad, así como para la auto-purificación.

◊ **MÉTODO DE MEDITACIÓN POR VIBRACIONES.**

El Método de Respiración por Vibraciones tiene por sí solo efectos de meditación y el Método de Meditación por Vibraciones que tiene adoptado ese método respiratorio, permite percibir movimientos vívidos de la energía vital con una mayor potencia.

El Zazen, el Seiza (sentado en posición de loto), Método de Concentración Mental y otras técnicas de meditación tienen un cierto patrón predeterminado para la postura y la respiración, que debe ser respetado estrictamente. Es porque todas estas técnicas tienen un riesgo inherente, por tratarse de contactarse con el profundo mundo de la inconsciencia y purificar y elevar su alma mediante la activación de la energía vital. Si la energía vital del fondo de la inconsciencia llega a liberarse y correr sin riendas o a sintonizarse con las vibraciones bajas, podría ocasionar la destrucción espiritual de la persona. Los que practican la meditación deben estar bajo un estricto control para evitar ese riesgo.

El Método de Meditación por Vibraciones está basado sobre el Método de Respiración por Vibraciones que tiene una gran potencia, por lo cual no se debe preocupar de ese riesgo, siempre cuando se cumplan las normas.

La clave de este método se centra en "practicar la respiración por vibraciones sintiendo las vibraciones de Reiki en las palmas de las manos". De este modo las vibraciones de Reiki transforman nuestra consciencia y nos lleva a un estado de profunda meditación.

Ahora, ¿qué es el estado de meditación? Es la condición que permite contactarse con la vida cósmica mediante la sintonización con la Conciencia Superior, sanarse a sí mismo y recuperar su propio yo. La Conciencia Superior es la consciencia alta, conectada con la inteligencia cósmica. Se encuentra al fondo de la subconsciencia, que a su vez está en el fondo de la consciencia superficial. En ese sentido, la meditación es la expansión de la consciencia, más que su transformación.

1. Se toma una postura cómoda, sentado o parado. Se recomienda mantener la columna derecha sin doblarla, a fin de poder practicar la aspiración energética profunda. Aquí se aplica para el caso de estar sentado en una silla.

2. Se relaja y se sienta con las piernas ligeramente abiertas. No se debe usar ni respaldo ni apoyabrazos. Se colocan las manos sobre el muslo, con las palmas hacia arriba. Se quitan los zapatos y las medias, y apoyan las plantas de los pies sobre el piso.

3. Se cierran o entornan los ojos. Luego de tomar la postura Gassho, se elevan las manos abiertas y se imagina que las vibraciones de la luz de Reiki fluyen desde las manos hacia todo el cuerpo.

4. Se bajan las manos, sintiendo las vibraciones de la luz, se agitan los brazos horizontalmente y luego se colocan las manos frente al pecho con las palmas hacia abajo.

5. Practicando la respiración por vibraciones con el sonido vibratorio "ja", se bajan las manos para hacer correr la energía del cuerpo hacia abajo. Cuando está sentado, se bajan las manos en ambos lados del cuerpo evitando que las manos choquen con los muslos. Se siente que la energía estancada desciende y fluye fuera del cuerpo. Este proceso es realizado una sola vez al comienzo de la meditación.

6   Exhalando, se levantan las manos hasta una altura ligeramente superior al nivel de la frente. Con los codos juntos al cuerpo, se quita la tensión de las manos y las desciende lentamente, deslizándose por el borde del aura que lo envuelve, al ritmo de la respiración por vibraciones. Al agotar el aliento, se relaja el vientre, para que entre el aire. Al ritmo de la inhalación, se levantan nuevamente las manos, bajándolas al ritmo de la respiración. Se repite este proceso tres veces y se vuelve a la respiración natural. Se detiene el movimiento por un rato y se siente el movimiento de la energía interna.

7   El proceso de "levantar las manos y bajarlas con la respiración por vibraciones" repetido tres veces y el de "descansar un rato respirando normalmente" conforma una unidad. Puede repetir tantas veces como lo desee.

Si el cuerpo llega a tener un movimiento espontáneo debido al movimiento de la energía, se recomienda dejar que se mueva y disfrutar la potencia de la energía vital, en lugar de tratar de detenerlo. Debe percibir que parte está moviendo y en qué forma. En este caso, se recomienda entornar los ojos, en lugar de cerrarlos. Luego de un rato, debe detenerlo con la fuerza de voluntad. Si resulta difícil, debe declarar: "La meditación ha finalizado", agitando las muñecas en sentido vertical y horizontal y luego se abren los ojos. Con esto se puede detener el movimiento.

8   En caso de verse alguna imagen o algunos colores, mantenga la postura mental de meditación, al tiempo de disfrutarlos. No se debe sentir entusiasmo o fascinación por ello.

Al alcanzar el nivel de destreza, al cabo de practicar una unidad, se logra un estado de meditación profunda. No se corre ningún riesgo porque es posible ejercer el control por la propia consciencia, siempre que no se olvide de la respiración por vibraciones. La respiración por vibraciones es una protección contra los delirios que hacen deambular la mente.

9   Puede que durante la meditación se deje de respirar por un rato considerable, aunque no se intente retenerla. Ello de-

muestra que se ha profundizado el estado de meditación y ha entrado en una etapa más avanzada.

10 Al finalizar la meditación, se agitan las manos horizontal y verticalmente varias veces para aclarar la consciencia. Luego se toma la posición Gassho para unificar la energía, antes de iniciar otro movimiento.

◊ **MÉTODO HATSUREI. AUTO-POTENCIACIÓN.**

El Método de Auto-potenciación es una técnica para elevar la espiritualidad, desarrollada por el maestro Usui. En el Reiki moderno, se enfatiza que se puede realizar la curación desde el primer día de haber recibido la Sintonización, sin necesidad de esfuerzos ni entrenamiento. Sin embargo, el maestro Usui ha dejado este método de entrenamiento.

En el Método de Reiki Moderno, hemos recibido las enseñanzas del maestro, y las hemos adaptado para que resulten accesibles para esta época. Aquí presentaré el método por las ondas vibratorias del Método de Respiración por Vibraciones, que puede ser aprendido solo sin correr riesgos.

1 Postura básica.

La base es la postura sentada al estilo japonés o Sei Za; sin embargo, puede ser la postura de loto o sentado en una silla. Aquí tomamos el ejemplo de la sentada al estilo japonés. Se relaja quitando cualquier tensión en todo el cuerpo. Se cierran los ojos y se mantiene derecha la columna, concentrándose en el plexo solar, de tres a cinco centímetros por debajo del ombligo. Se colocan las manos sobre el muslo con las palmas hacia abajo.

2 Enfoque: focusing.

Declara a su subconsciencia, "Empiezo el Hatsurei ho".

3 Kenyoku-ho: Baño seco.

Se realiza mentalmente el rito de purificación psicofísica, con la respiración por vibraciones.

(1) Se coloca la mano derecha sobre el hombro izquierdo y exhalando con el "ja", se la desliza hacia el lado derecho de la cadera, en forma oblicua. La mano puede

no estar en contacto con el cuerpo, ya que el aura es purificada por las vibraciones.

(2) Se coloca la mano izquierda sobre el hombro derecho y exhalando con el "ja", se la desliza hacia el lado izquierdo de la cadera.

(3) Se repite el proceso (1).

(4) Se coloca la mano derecha sobre el hombro izquierdo y se la desliza desde el hombro hacia las puntas de los dedos de la mano izquierda, practicando la respiración por vibraciones.

(5) Se coloca la mano izquierda sobre el hombro derecho y se la desliza hacia las puntas de los dedos de la mano derecha, de la misma manera que en el (4).

(6) Se repite el proceso (4).

(7) Se vuelven a colocar las manos en la posición inicial (sobre los muslos).

4   Conectando con Reiki.

Se elevan las manos abiertas y se siente que las vibraciones de la luz fluyen abundantemente desde las manos hacia todo el cuerpo.

5   Joshin: Respiración purificadora.

(1) Se respira por la nariz tranquilamente con la mente limpia. Se colocan las manos sobre los muslos, formando un hueco como si sostuvieran un huevo, con las palmas hacia arriba. Se concentra la mente en el plexo solar, y respirando normalmente se va quitando toda la tensión del cuerpo.

(2) Al inhalar se imagina que "la energía Reiki de luz blanca está fluyendo desde la coronilla y que se está expandiendo desde el plexo solar a todo el cuerpo, aflojando la tensión y relajando el cuerpo".

(3) Al exhalar, se prolonga el aliento con el "ja", imaginando que "la luz que colma el cuerpo se va fluyendo hacia fuera del cuerpo a través de la piel, expandiendo en toda dirección".

6   Gassho.

Se toma la posición Gassho colocando las manos frente al pecho, ligeramente arriba del corazón.

7   Seishin Touitsu: Concentración mental.

Manteniendo la posición Gassho, se concentra en el plexo solar y se imagina que "está respirando por medio de las manos".

(1)   Al inhalar se imagina que "desde las manos en posición Gassho, está fluyendo Reiki de luz blanca y está colmando el plexo solar".

(2)   Al exhalar con el "ja" prolongado, se imagina que "la luz que colma el plexo solar se va exhalando vigorosamente desde las manos hacia fuera". Se debe mantener la consciencia en la respiración mediante las manos.

8   Enfoque.

Se vuelven a colocar las manos en la posición inicial, sobre los muslos, declara a la subsconsciencia: "He finalizado el Hatsurei ho", y luego abre los ojos. Una vez finalizado este proceso, se agitan las manos horizontal y verticalmente para aclarar la consciencia.

◊   **CURACIÓN POR AUTO-PURIFICACIÓN.**

Es una técnica para purificar, curar y elevarse a uno mismo. Si es encuentra una energía estancada en el cuerpo, la hace fluir y en caso de falta de energía, se la completa rápidamente, a fin de lograr el equilibrio del cuerpo energético.

1   Se realiza estando parado básicamente. Se abren las piernas al ancho de los hombros y se imagina una línea recta que atraviesa el suelo y el cielo, alineando la coronilla, la columna y el cóccix. Se cierran o entornan los ojos.

2   Gassho, luego se levantan las manos abiertas y se siente que las vibraciones de la luz de Reiki fluyen vigorosamente desde las manos hacia todo el cuerpo.

3   Sintiendo las vibraciones de la luz, se bajan las manos, se agitan los brazos en forma horizontal y se colocan las manos a la altura del pecho con las palmas hacia abajo.

4   Se bajan las manos empujando hacia abajo para hacer fluir la energía del cuerpo hacia abajo, practicando la respiración

por vibraciones con "ja". Se siente que la energía del cuerpo va descendiendo al compás del movimiento de las manos y fluye fuera del cuerpo por los pies. Se hace este proceso una sola vez al comienzo.

5   Inhalando por la nariz, se elevan las manos lentamente con las palmas hacia abajo, para inducir la energía de la tierra hacia el cielo. Se colocan las manos arriba de la cabeza con las palmas hacia el cielo, para liberar la energía de la tierra y a la vez recibir la energía del cielo. Luego se giran las manos con las palmas hacia la cabeza y practicando la respiración por vibraciones con "ja", induce con las palmas la energía del cuerpo desde la cabeza, la cara, el pecho y el vientre, para que fluya por los pies hacia el suelo.

6   Una vez exhalado todo el aliento, se inhala desde la nariz, se induce con las manos la energía de la tierra hacia el cielo y se hace fluir la energía del cuerpo por medio de la energía del cielo, junto con la respiración por vibraciones. Las palmas deben estar dirigidas hacia el suelo cuando ascienden y hacia el cuerpo cuando descienden. Es una curación por auto-purificación sumamente agradable. Se recomienda que lo practique en cualquier lugar y en cualquier momento.

◊   **MÉTODO DE DESARROLLO DE LA PERCEPCIÓN DE LA ENERGÍA.**

Es sumamente importante para aquellos que desean realizar la curación, elevar la percepción de la energía. No es bueno ser demasiado sensible, oyendo y viendo cosas que no desea ver ni oír. Pero tampoco es bueno no sentir la energía necesaria.

Se puede aprender a desarrollar la capacidad de percepción de la energía, por medio de la aplicación del método de respiración por vibraciones. Resulta más eficaz repetir un método simple y efectivo, que probar varias técnicas.

1   Paso 1.

   (1)   Se toma una posición cómoda y se frotan las manos colocadas a la altura del pecho con los antebrazos a la altura de los codos, hasta que se calienten. Con las

manos se acarician los dorsos de las otras manos y se vuelve a frotarlas contando hasta diez. Seguidamente se frotan los dedos gordos contando hasta diez, luego se frotan los dedos índice y así sucesivamente hasta los dedos meñiques, contando siempre hasta diez. Por último se frotan las palmas diez veces.

(2) Se separan las manos, se las agita verticalmente veinte veces y luego se agitan las muñecas horizontalmente veinte veces. Se colocan las manos a la altura del pecho, enfrentadas a unos veinte centímetros de distancia entre sí y se siente una sensación eléctrica, se exhala con "ja", sintiendo que la energía es irradiada desde las manos. Se fijan los ojos entornados en el espacio entre las manos y se mantiene la respiración por vibraciones, y la consciencia de que está respirando mediante las palmas de las manos, inhala y exhala por las palmas.

(3) Por último se cierran y se abren las manos con energía, repitiéndolo dos o tres veces.

2   Paso 2.

Si no lo hace seguido del Paso 1, previamente se sigue el proceso de la caricia de las manos y la agitación de las muñecas, explicados en el Paso 1. Lo mismo vale para el Paso 3, salvo los casos en que se ha desarrollado la capacidad a tal punto que se percibe la sensación eléctrica al solo enfrentar las manos.

(1) Se colocan las manos frente al pecho, enfrentadas a unos veinte centímetros de distancia entre sí y se imagina que está sosteniendo un globo entre las manos.

Se fija la mirada en ese globo, con los ojos entornados, se envía la exhalación "ja" al globo, imaginándose que la energía se va inyectando desde las palmas en el globo junto con el sonido vibratorio. A medida que se va inflando el globo, la distancia que separa las dos manos se va ampliando. Al exhalar se achica el globo, y angosta esa distancia.

(2) Se repite este proceso durante un rato, hasta que sientas realmente la energía. En ese momento se vuel-

ve a practicar la respiración normal y conservando la sensación eléctrica de las manos, se separa y se acerca o se giran las manos para aumentar la capacidad perceptiva de la energía.

(3) Por último, se cierran y se abren las manos con energía, repitiéndolo dos o tres veces.

3   Paso 3.

(1) Se colocan las manos ligeramente separadas a unos diez centímetros de la zona del plexo solar y se siente el intercambio de la energía.

(2) Se trasladan las manos al vientre superior, pecho, la parte posterior del cuello, entrecejo y la coronilla, para desarrollar la capacidad perceptiva. Cuando se adquiera la destreza, se puede percibir la energía aun a través de la vestimenta.

(3) Al sentir que se ha disminuido la capacidad perceptiva, se vuelve a realizar la caricia de las manos y la agitación de las muñecas, sintonizando con la exhalación, para recuperar el ritmo.

Palabras finales.

Agradezco a mis lectores por su dedicación. Pienso que es el primer libro que trata la Terapia de Reiki Tradicional y la verdadera biografía del maestro Usui, a pesar de que se han editado varios libros sobre Reiki.

No me había imaginado que tendría una relación tan profunda con Reiki, pero a partir del Gran Terremoto de Hanshin, comencé a dedicarme a la difusión de Reiki.

Tuve la oportunidad de visitar el templo donde se encuentra la tumba del maestro Usui, el veinticuatro de diciembre de 1997 y de conocer a varias personas del Reiki Tradicional en una reunión de Año Nuevo de la Academia de la Terapia Reiki de Usui, el 18 de enero del año siguiente. En esa reunión, el maestro Masaki Kondo asumió la Sexta Presidencia de la Academia, en reemplazo de la maestra Kimiko Koyama, quien se había retirado por razones de su edad avanzada. En una reunión del Consejo, compuesto por los directores, maestros y directores de las filiales, celebrado previamente al festejo, un maestro me había introducido a los miembros, quienes me invitaron a participar de la reunión. De esta manera compartí la mesa con el maestro Makino, Vicepresidente de la Academia, quien me suministró varias informaciones valiosas. Hasta tuve el honor de hacer una disertación en esa reunión. Estoy seguro que fue la guía del maestro Usui que hizo posible todos estos acontecimientos.

Quisiera manifestar mi más sincero agradecimiento a la maestra Mieko Mitusi que me introdujo a Reiki y profundizó mi relación con Reiki, a la maestra Kimiko Koyama, al maestro Manaso y al maestro Alpan a quien no tengo todavía el gusto de conocer personalmente, por toda la ayuda brindada. Asimismo, agradezco a los cuatro terapeutas quienes colaboraron en la preparación de las bases de la maestría, en calidad de los primeros concurrentes del seminario del Método de Reiki Moderno: Los señores Furukawa, Tsujimi, Furutani y Fujimoto, así como el señor Kazuaki Tanaka, quien me brindó valiosos consejos en calidad de empresario y estudiosos de la energía. Les debo a estos señores la posibilidad de

Palabras Finales

organizar mensualmente la reunión de intercambio de Reiki Moderno, la mejor comprensión del Método de Reiki Moderno y el incremento de los participantes de los seminarios.

Dedico mi agradecimiento especial al señor Fuminori Aoki, el director del Instituto de Human & Trust, quien es dueño de una clínica especializada en la terapia Reiki y es uno de los terapeutas más importantes de Japón, y a la maestra Noriko Ogawa, la vicedirectora del mismo instituto. Estas dos personas han viajado hasta Ashiya para estudiar el Método de Reiki Moderno, han introducido su concepto y técnicas en el programa del Instituto denominado "Reido Reiki" y nos han animado con su postura positiva para una mayor difusión de Reiki. Ellos han llevado a cabo mi concepto del "desarrollo sano de Reiki, superando las diferencias de escuelas y principios", mediante la fundación de la Asociación Reiki One Healing. Estoy seguro de que se organizarán cada vez mayor número de reuniones de intercambio, seminarios y conferencias de Reiki en todo Japón.

Agradezco también al señor Masaharu Ueno, el director del grupo Cosmo Bright, quien me invitó como disertante en una reunión de entrenamiento organizado en el monte Kurama, lugar de origen de Reiki. A partir de entonces los alumnos del Señor Ueno han comenzado a participar en nuestras reuniones de intercambio. De esta manera, a través de la expansión horizontal, el círculo de Reiki se está ensanchando cada vez más.

Asimismo, estoy sumamente agradecido a los nuevos maestros de Reiki Moderno, a todas aquellas personas a quienes tuve el placer de conocer en los seminarios y reuniones de intercambios de Reiki Moderno, así como en los seminarios de la Asociación Reiki One Healing y especialmente al Señor Ryosuke Tanaka, director de la editorial KK Best Sellers, quien me ha brindado varios consejos valiosos al escribir este libro.

Con respecto a las técnicas del Método Reiki, he consultado los textos de las principales entidades de Reiki, entre ellos, puedo nombrar el libro del Señor Toshitaka Mochizuki, titulado "Reiki, Iyashi no te. Manos Curativas" © 2000, Uriel Ediciones, Buenos Aires, Argentina, es un buen resumen de varios aspectos de Reiki, que vale la pena leer. He consultado "Manual de la Terapia Reiki" y "Guía de la Terapia Reiki" (Academia de Terapia Reiki de Usui) en cuanto a la Terapia Reiki Tradicional; "FILAS julio de 1993" de Fila Projects, con relación a la Afirmación, "Método de Ultra Respiración" y "Método de Ultra Meditación" publicado por Goma Shobo, del Señor Yu Tsuda, sobre la respiración por vibraciones y la meditación por vibraciones, "Método de Vibraciones Naturales que cura el cuerpo y la mente" de Editorial Genshu, del Señor Akiharu Komuro con respecto a las aplicaciones de la energía cósmica. Agradezco a todos estos autores.

Por último, dedico mi especial agradecimiento al Señor Masashi Hama, presidente de la editorial Genshu, quien se ha tomado la molestia de viajar a Kansai para brindarme su asesoramiento así como aliento y estímulo sin los cuales no podría haber completado mi obra.

Marzo de 1998.
Hiroshi Doi

Perfil del autor
Hiroshi Doi

Nacido en 1935 en la prefectura de Okayama. Luego de haber trabajado en Nissan Motors (Comercialización) y Jemco Nihon (Consultora), actualmente es el director de la Asociación de Curación de Reiki Moderno. Interesado en el mundo espiritual y la energía cósmica, ha aprendido más de treinta técnicas curativas. Al estar buscando la manera de unificar esas técnicas, se encuentra con el Método Reiki y reconoce que en él está comprendido en perfecta armonía todo lo aprendido hasta entonces. Ha estudiado las dos corrientes del Reiki Occidental, como así también la Terapia de Reiki de Usui de la tradición japonesa. Sobre la base de estas experiencias, desarrolla el Método de Reiki Moderno, respaldado por su propia teoría, unificando el simple sistema curativo sistematizado del Reiki Occidental y las técnicas de la purificación de la consciencia y la elevación de la espiritualidad, transmitidas en el Reiki Tradicional. Funda la Asociación de Curación de Reiki Moderno y se dedica a la difusión de esta nueva corriente. Siendo reconocidos sus méritos, es invitado por numerosas organizaciones como disertante e instructor. Miembro de la Asociación de la Medicina Holística de Japón, de la Asociación de la Ciencia del Espíritu de Japón, de la Asociación de Para-ciencia de Japón y Asesor Honorífico de la Asociación Reiki One Healing.

Para más información sobre Reiki, dirigirse a:
Asociación Argentina de Reiki – Aguilar 2612
C1426DNS – Buenos Aires – Argentina.
Tel./fax: (54 11) 4787-6414
E-mail: reiki@reikihoy.com
www.reikihoy.com

COMPARTIENDO REIKI CON LOS NIÑOS
de Nancy Anne Chappell

La abuela Nancy Anne presenta el Reiki a todos los niños, una manera didáctica y entretenida de ayudar a los más chicos a descubrir la energía sanadora. Dirigido tanto a niños como a padres y docentes a quienes les encanta leerles cuentos e historias con mensaje. Un libro sobre la sanación natural enfocado a los más chicos, su primer encuentro con la maravillosa filosofía Reiki.

REIKI PARA LAS DOLENCIAS MAS COMUNES
de Mari Hall

El Botiquín Reiki, una guía práctica de sanación donde se detallan y se ilustran las posiciones de las manos más efectivas. Una respuesta no invasiva y poderosa para alcanzar la sanidad natural a dolencias frecuentes. Describiendo más de 80 problemáticas, abarca desde problemas comunes como el estrés y la fatiga hasta la artritis y los problemas de presión.

REIKI - EL TOQUE PRIMORDIAL
de Paula Horan

21 Ciclos sanadores para lograr una completa armonización.

Una guía sumamente interactiva para lograr la auto sanación, liberándonos de sedimentos del pasado.

REIKI Y EL BUDA DE LA SANACIÓN
de Maureen J. Kelly

Los orígenes de Reiki se remontan a la tradición budista. Una de las formas de Buda reverenciada en el Tibet y en China era el Buda Sanador. Los significados esotéricos se asocian a los símbolos y principios Reiki, proporcionando al practicante, nuevas percepciones y perspectivas. Una invitación a bucear en las bases sanadoras del Reiki.

REIKI IYASHI NO TE
Manos Curativas

de Toshitaka Mochizuki

Por primera vez llega a Occidente un Manual Práctico escrito por un maestro japonés de Reiki, lo cual modifica una dinámica según la cual todos los manuales provenían de Maestros occidentales. Tanto quienes ya practican Reiki como los que quieren dar sus primeros pasos, hallarán valiosa información japonesa que los guiará por la senda del crecimiento personal y la armonización física, mental, emocional y espiritual.

MUSICA PARA REIKI

"EL PODER DE TU ENERGÍA PERSONAL"
de Claudio Márquez

Ejercicios guiados, destinados a cuidar y conservar tu propia energía para mantenernos fortalecidos mas allá de las variaciones de nuestro entorno. Recupera la motivación y el rendimiento.

"CHANDRA: LUNA DE LOS SUEÑOS"
de Jorge Luis Martín

Chandra es el complemento YIN, o sea femenino de Surya y es muy calmo, profundo, etéreo y expansivo. Es un viaje musical a través de 7 pasos, que nos lleva hacia la cima de la vida, donde finalmente nos encontramos en paz y armonía con nosotros mismos. Sonidos naturales de cascadas, noche, lluvia, sikus, flauta, bajo, voces, didjeridu nos invitan a comenzar este viaje hacia nuestro propio centro.

"SURYA: SOL DE LA VIDA"
de Jorge Luis Martín

Surya es el complemento YANG de Chandra, y posee un estilo vital, emocional, rítmico y energético. Evoca con cada canción un amanecer o un atardecer en diferentes partes de la tierra. Con sonidos naturales de arroyitos, lluvia, mar, guitarra, flauta traversa, quena, nei, shakuhachi, piano, bajo, sintetizadores, voces, chelo y tablas, entre otros.

"NATURALMENTE REIKI" (Vol. 1)
de Jorge Luis Martín

El compañero ideal de quien comienza a incursionar en el camino del Reiki. Sonidos que ayudarán a una mejor y mas efectiva percepción del método. Una exploración a través de los sonidos de la naturaleza, con suave música de fondo, potenciará tu paz y armonía con energía propia. Sus campanitas cada 3 minutos resultan más que efectivas a la hora de ejercitar.

"TU REIKI"
de Claudio Márquez

A través de las meditaciones japonesas y los ejercicios guiados por el Maestro Claudio Márquez, vas a llegar a un estado de relajación nunca experimentado. La forma de contar siempre con la guía del maestro. Quienes practican Reiki de forma habitual, resaltan la efectividad de "TU REIKI" a la hora de recuperar la energía vital y fortalecer el equilibrio armónico.

Para mayor información, dirigirse a
URIEL SATORI EDITORES
Aguilar 2612 - (1426) Buenos Aires - Argentina
Tel/Fax: (54 11) 4787-6414
E-mail: info@uriel.com.ar
Website: www.uriel.com.ar

Este libro se terminó de imprimir
en Febrero de 2006 Tel.:(011) 4204-9013
Gral. Vedia 280 Avellaneda
Buenos Aires - Argentina.